SUPER
CIENCIA

SUPER CIENCIA

AUTORES JACK CHALLONER, DRA. KAT DAY,
HILARY LAMB, GEORGIA MILLS, BEA PERKS
CONSULTOR JACK CHALLONER

CONTENIDOS

LA CIENCIA EN LA
VIDA COTIDIANA   6

CAMPOS DE LA CIENCIA   8

VIVIR Y TRABAJAR   10

AGRICULTURA HIDROPÓNICA   12

ROBOTS AUTÓNOMOS   14

ÁCIDOS NEUTRALIZANTES   16

MICROBIOS Y COMIDA   18

TRANSGÉNICOS   20

CULTIVO DE PLANTAS
EN BAJA GRAVEDAD   22

ESTUPAS DE HIELO   24

CAZADORES DE NIEBLA   26

SEPARAR LO QUE
ESTABA MEZCLADO   28

BOLAS DE SOMBRA   30

TRATAMIENTO DE
AGUAS RESIDUALES   32

DAR ELECTRICIDAD   34

ENERGÍA ATÓMICA   36

ENERGÍA SOLAR   40

GRANDES BATERÍAS   42

TURBINAS EÓLICAS   44

BIOCOMBUSTIBLES   48

CONSTRUIR Y CREAR   50

ECOEDIFICIOS   52

AISLAMIENTO   54

PUENTES SUSPENDIDOS   58

GRÚAS   60

SOLDADURA SUBACUÁTICA   62

TALADRO DE DIAMANTE   64

LÁSERES   66

MATERIALES QUE
REPELEN EL AGUA   68

MATERIALES REFLECTANTES   70

TRAJES DE BUCEO   72

FABRICAR VIDRIO   74

MATERIALES BIODEGRADABLES   76

RECICLAJE DE ALUMINIO   78

HIELO SECO   82

IMPRIMIR   84

VIAJAR Y CONECTAR   86

COCHES ELÉCTRICOS   88

TRENES MAGLEV   92

GLOBOS AEROSTÁTICOS   94

DRONES   96

TÚNELES DE VIENTO   98

ESCUDOS DE CALOR   100

COHETES   102

EL RÓVER PERSEVERANCE   104

BENGALAS   106

CATAPULTAS AERONÁUTICAS   110

FIBRA ÓPTICA   112

COMUNICACIÓN POR RADIO   114

BIOMETRÍA   116

JUEGOS EN LÍNEA   118

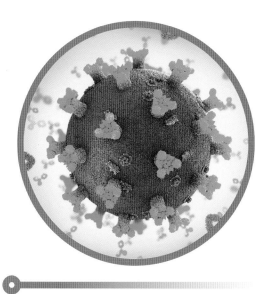

PROTEGER Y SOBREVIVIR 120

ANTIBIÓTICOS	122
VACUNAS	126
DONACIÓN DE SANGRE	128
MARCAPASOS	130
EXOESQUELETOS	132
MÁQUINAS MÉDICAS	134
IMPLANTES COCLEARES	136
CORRER CON PRÓTESIS	138
PRUEBAS DE CHOQUE	140
RADIACIÓN UV	142
BOMBONAS DE OXÍGENO	144
DESNATADORES	146
CÚPULAS DE BIOMAS	148
BIORROCAS	150
RETARDANTES	154
CAPTURA DE CARBONO	156

APRENDER Y DESCUBRIR 158

VEHÍCULOS SUBACUÁTICOS	160
PREVER ERUPCIONES VOLCÁNICAS	162
AVIONES METEOROLÓGICOS	164
SONAR	166
NÚCLEOS DE HIELO	168
GLOBOS METEOROLÓGICOS	170
TELESCOPIOS	172
MICROSCOPIOS	176
DATAR FÓSILES	178
TOMOGRAFÍAS	180
RECONSTRUIR FÓSILES	182
TERMOGRAFÍA	184
CÁMARAS ROBÓTICAS	186
ANÁLISIS DE ADN	190
RESONANCIAS IRM	192
PIEL ARTIFICIAL	194
SEGUIR LAS MIGRACIONES	196
CÁMARAS TRAMPA	198
GLOSARIO	200
ÍNDICE	204

DK LONDRES
Edición de arte sénior Sheila Collins
Edición Vicky Richards
Documentación iconográfica Nic Dean
Ilustración Brendan McCaffery,
Adam Benton, Peter Bull, Gus Scott
Edición ejecutiva Francesca Baines
Edición ejecutiva de arte Philip Letsu
Edición de producción sénior Andy Hilliard
Control de producción Sian Cheung
Diseño de cubierta Surabhi Wadhwa-Gandhi
Dirección de desarrollo de Diseño de cubierta
Sophia MTT
Dirección editorial Andrew Macintyre
Subdirección editorial Liz Wheeler
Dirección de arte Karen Self
Dirección de publicaciones Jonathan Metcalf

DK NUEVA DELHI
Edición sénior Virien Chopra
Edición de arte del proyecto Baibhav Parida
Edición del proyecto Kathakali Banerjee
Edición de arte Sifat Fatima
Documentación iconográfica Nishwan Rasool
Dirección de documentación iconográfica
Taiyaba Khatoon
Edición ejecutiva Kingshuk Ghoshal
Edición ejecutiva de arte Govind Mittal
Diseño de maquetación sénior Neeraj Bhatia
Diseño de maquetación Anita Yadav
Dirección de preproducción Balwant Singh
Dirección de producción Pankaj Sharma

Edición en español:
Coordinación editorial Cristina Gómez de las Cortinas
Asistencia editorial y producción Malwina Zagawa

Servicios editoriales Tinta Simpàtica
Traducción Ismael Belda

Publicado originalmente en Gran Bretaña en 2021
por Dorling Kindersley Limited
DK, One Embassy Gardens, 8 Viaduct Gardens,
London, SW11 7BW
Parte de Penguin Random House

LA CIENCIA EN LA VIDA COTIDIANA

La ciencia es una forma de conocer el mundo que nos rodea. Los científicos se hacen preguntas sobre de qué está hecho el mundo y cómo funciona, y estudian las tres áreas principales de la ciencia: la física, la química y la biología. Pero la ciencia no es solo teoría: la ciencia está detrás de muchas cosas que nos son necesarias en el mundo moderno, como la luz de nuestra casa, la comida que comemos y la ropa con que nos vestimos. Este libro muestra algunas de las formas en que el conocimiento científico se emplea para hacernos la vida más fácil y para encontrar soluciones a nuestros problemas.

FÍSICA
La física es el estudio de la energía y las fuerzas. Nos permite diseñar formas de desplazarnos, como bicicletas o aviones. La transmisión de los datos por internet también depende del conocimiento de la luz.

BIOLOGÍA

La biología estudia los animales, las plantas y el resto de los seres vivos. El conocimiento del cuerpo humano permite que los científicos desarrollen medicamentos, y comprender cómo crecen los árboles nos ayuda a combatir el cambio climático.

EL MÉTODO CIENTÍFICO

La ciencia tiene muchas áreas diferentes, pero la mayoría de los científicos siguen un mismo método en su intento de comprender el mundo. La parte más importante del método científico es la experimentación, que permite que los científicos comprueben sus hipótesis (explicaciones provisionales).

Observación

El método científico comienza con la cuidadosa observación de algún aspecto del mundo, algo que nadie sabe explicar aún. Los científicos lo observan en un laboratorio o en el mundo real.

Hipótesis

A continuación, al científico se le ocurre una posible explicación de lo que ha observado: una hipótesis. La hipótesis debería estar basada en conocimiento científico existente y debe ser algo que pueda ponerse a prueba mediante un experimento.

Experimento

Los científicos diseñan con cuidado sus experimentos, asegurándose de que controlan todos los aspectos que los componen. En general, los científicos predicen un resultado del experimento que, si se cumple, apoyará o refutará sus hipótesis.

Análisis y teoría

Si el resultado de los experimentos apoya una hipótesis, esta puede convertirse en parte de una teoría, es decir, una parte aceptada de la ciencia que explica observaciones diferentes. Entre las teorías bien probadas están la teoría de la evolución o la teoría del Big Bang.

QUÍMICA

La química estudia cómo reaccionan entre sí las diferentes sustancias. Gracias a ella, los químicos crean materiales nuevos como las fibras textiles sintéticas, y desarrollan modos de extraer recursos clave, como la sal.

CAMPOS DE LA CIENCIA

Los científicos actuales son especialistas que trabajan en uno de los muchos campos distintos. Algunos se ocupan de la biología, la química o la física, mientras que otros combinan conocimientos de esas tres áreas. Un descubrimiento científico en un área puede tener un impacto en las otras, por ejemplo el descubrimiento de la edición genómica (la forma en que los científicos son capaces de cambiar los genes de los seres vivos) ha conducido a avances en medicina y en agricultura.

Aparecen nuevos campos, como la **biología sintética** (que crea seres vivos artificiales).

CIENCIA APLICADA
Se puede usar el conocimiento de muchos campos científicos para fines prácticos, como desarrollar medicamentos, crear nuevos materiales o inventar máquinas como los robots. Campos como las ciencias de la computación se consideran ciencias aplicadas.

BIOQUÍMICA
Los bioquímicos estudian las complicadas reacciones químicas que ocurren dentro de las células y que mantienen con vida a los seres vivos.

GENÉTICA
Los genetistas averiguan cómo el ADN (ácido desoxirribonucleico) transporta información dentro de las células y la transmite a las nuevas generaciones.

CIENCIA FORENSE
Los científicos forenses utilizan la biología, la química y la física para analizar las pruebas recopiladas en la escena de un crimen con el fin de ayudar en las investigaciones.

GEOLOGÍA
Los geólogos estudian las rocas y los minerales que forman nuestro planeta y las enormes fuerzas que dan forma al paisaje.

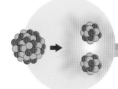

QUÍMICA NUCLEAR
Los químicos nucleares estudian los núcleos (la parte central) de los átomos y cómo se rompen los diferentes núcleos.

BIOLOGÍA
La biología es la ciencia de los seres vivos y estudia desde la estructura de las células hasta cómo los diferentes organismos crecen, se comportan e interactúan con su entorno.

QUÍMICA
La química es el estudio de sustancias como elementos, mezclas e incluso los diminutos átomos. Estudia sus propiedades y cómo reaccionan entre sí.

FÍSICA
La física es el estudio de la energía, la fuerza y la materia: los componentes básicos de todo, incluidos el sonido, la electricidad, el calor, el magnetismo, la luz y la estructura de los átomos.

Zoología

Los zoólogos estudian la estructura corporal y el comportamiento de los animales, y también su evolución a lo largo de millones de años.

Microbiología

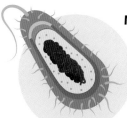

Los microbiólogos estudian organismos tan pequeños que no podemos ver sin ayuda de un microscopio, como las bacterias y los hongos.

Medicina

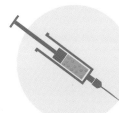

Los médicos aplican el conocimiento de muchas áreas de la biología, sobre todo la biología humana, a curar enfermedades y mantenernos sanos.

Botánica

Los botánicos estudian los ciclos vitales y la estructura de diferentes plantas y su evolución a lo largo del tiempo.

Ecología

Los ecólogos estudian las relaciones entre diferentes especies y entre estas y los lugares en los que viven (hábitats).

Paleontología

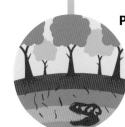

Los paleontólogos estudian los seres que existieron hace mucho tiempo, principalmente con los restos fosilizados de plantas y animales.

Química orgánica

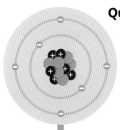

Los químicos orgánicos estudian las reacciones de los compuestos en los que interviene el carbono.

Electroquímica

Los electroquímicos estudian cómo interviene la electricidad en las reacciones, cómo hace que estas tengan lugar o cómo estas la producen.

Química inorgánica

Los químicos inorgánicos estudian las reacciones de compuestos que no contienen carbono; sobre todo las que contienen metales.

Física de partículas

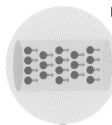

Los físicos de partículas estudian las partículas que son más pequeñas que los átomos, y cómo interactúan entre sí.

Mecánica

El estudio de la mecánica es el estudio de las fuerzas y del movimiento. Ayuda a los científicos a comprender las máquinas.

Ondas y vibraciones

El estudio de los objetos que vibran y del sonido, la luz y otras formas de energía que viajan en forma de ondas.

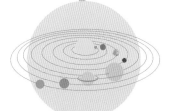

Astronomía

Los astrónomos estudian objetos en el espacio, como los planetas y sus lunas, el Sol y otras estrellas, o las galaxias.

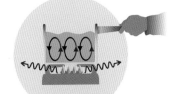

Termodinámica

Esta área de la física es el estudio de cómo la energía se transfiere entre objetos en forma de calor.

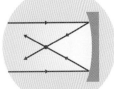

Óptica

El estudio de cómo la luz interactúa con varios materiales, cómo se refleja o se refracta.

Electromagnetismo

El electromagnetismo estudia la conexión entre la electricidad y el magnetismo.

Meteorología

Los meteorólogos estudian la forma en que el calor interactúa con el aire y el agua para producir diferentes climas.

VIVIR Y TRABAJAR

En nuestra vida diaria estamos rodeados de ciencia. Al usar técnicas y métodos científicos, podemos cultivar más alimentos y conservar y limpiar el agua que bebemos. Nuestro mundo también se mantiene en pleno funcionamiento gracias a las distintas formas de aprovechar la energía que han desarrollado los científicos, desde turbinas eólicas hasta reactores nucleares.

CULTIVO INTERIOR
AGRICULTURA HIDROPÓNICA

Cultivar plantas sin sol ni agua puede parecer extraño, pero muchas granjas hacen precisamente eso con un método conocido como hidroponía. En un ambiente interior, las raíces de las plántulas se mantienen en una solución que contiene agua y nutrientes mientras unas lámparas especiales les dan calor y luz. Las granjas hidropónicas pueden construirse en cualquier lugar y funcionan todo el año. Los cultivos hidropónicos más comunes son las verduras de ensalada, como la lechuga y el tomate, y las frutas del bosque.

ACUAPONÍA

La acuaponía combina la hidroponía con la acuicultura (cría de peces). Las plantas se cultivan en un tanque con peces, crustáceos o moluscos. Estos animales expulsan amoniaco con sus desechos, dañino para ellos pero que es un nutriente importante para las plantas, que lo absorben y así mantienen el agua limpia.

Un cultivo hidropónico necesita hasta un **90 %** menos de agua que un cultivo tradicional.

CICLO DE VIDA DE LAS PLANTAS

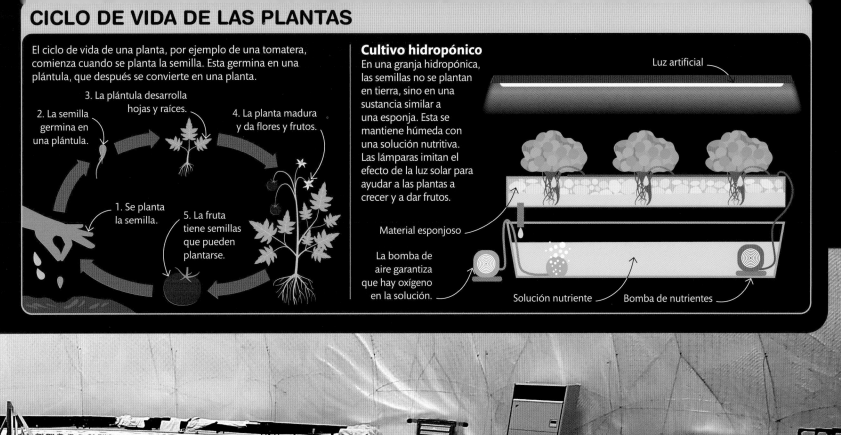

El ciclo de vida de una planta, por ejemplo de una tomatera, comienza cuando se planta la semilla. Esta germina en una plántula, que después se convierte en una planta.

3. La plántula desarrolla hojas y raíces.

2. La semilla germina en una plántula.

4. La planta madura y da flores y frutos.

1. Se planta la semilla.

5. La fruta tiene semillas que pueden plantarse.

Cultivo hidropónico

En una granja hidropónica, las semillas no se plantan en tierra, sino en una sustancia similar a una esponja. Esta se mantiene húmeda con una solución nutritiva. Las lámparas imitan el efecto de la luz solar para ayudar a las plantas a crecer y a dar frutos.

Luz artificial

Material esponjoso

La bomba de aire garantiza que hay oxígeno en la solución.

Solución nutriente

Bomba de nutrientes

Un montón de lechugas

En una granja hidropónica en Rikuzentakata, Japón, se plantan lechugas en un lecho circular. Este gira lentamente y las plántulas se mueven en espiral hacia el borde, creciendo durante un período de 30 días. Cuando llegan al borde, están listas para ser cosechadas.

MÁQUINAS QUE APRENDEN

ROBOTS AUTÓNOMOS

Muchos robots modernos son autónomos, lo que significa que pueden tomar decisiones por sí mismos. Los robots que se mueven e interactúan con su entorno, como los automóviles autónomos o los robots de cultivo de frutas, utilizan inteligencia artificial (IA) para ayudarse. La IA ayuda a las máquinas a aprender y les permite hacer predicciones o tomar decisiones basándose en la información que ya poseen y, por lo tanto, realizar tareas con muy poca supervisión humana.

ROBOT DE HAMBURGUESAS

Los robots son buenos para tareas repetitivas como la preparación de comida rápida. Un robot llamado Flippy usa sensores para controlar la cocción de las hamburguesas. Sabe cuándo debe darles la vuelta y cuándo están correctamente hechas.

INTELIGENCIA ARTIFICIAL

Se dice que un robot tiene inteligencia artificial cuando puede imitar la manera en que los humanos aprenden y toman decisiones. Una forma en la que los robots lo logran es la técnica de «aprendizaje automático». Recopilan datos (por ejemplo imágenes) y los analizan para sacar conclusiones. Cuando un robot agrícola toma una nueva imagen de una fruta, puede usar lo que ha aprendido para identificar la fruta y actuar. Cuantas más imágenes tome, más datos tendrá y mayor será su precisión.

1. El robot capta la imagen de una fresa.

2. La IA reconoce ciertas características de la imagen.

3. El robot identifica el objeto y actúa según sus conclusiones.

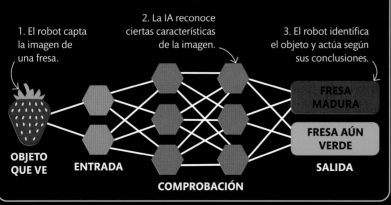

OBJETO QUE VE

ENTRADA

COMPROBACIÓN

FRESA MADURA

FRESA AÚN VERDE

SALIDA

Un robot autónomo puede **recoger** hasta **360 kg** de fresas en un solo día.

OCTINION

Recolector de fruta

Con el uso de la IA, un robot autónomo como el de la imagen puede saber si una fresa está madura y lista para recolectarse. A continuación, puede recoger con cuidado las bayas maduras con su brazo de agarre sin magullar la fruta.

Tratar el suelo
Un agricultor añade cal agrícola —hecha de piedra caliza muy molida— a la tierra de una granja en Merseyside, Reino Unido. Esto eleva el pH del suelo —demasiado ácido— para que esté más cerca de un pH neutro de 7, lo que ayuda a que los cultivos crezcan mejor.

MEJORAR EL SUELO
ÁCIDOS NEUTRALIZANTES

No toda la tierra es igual, en algunas áreas es más ácida que en otras. La sustancia química opuesta a los ácidos son los álcalis. Cuando ambos se unen, se neutralizan entre sí. Debido a que la mayoría de las plantas crecen mejor en suelos que no son ni demasiado ácidos ni demasiado alcalinos, a veces los agricultores y los jardineros agregan a los suelos que son ácidos una sustancia alcalina, como la cal. Al añadir cal, no solo neutralizan el suelo, sino que también ayudan a las plantas a absorber los nutrientes. A los gusanos y ciertos microorganismos necesarios para un buen suelo tampoco les gustan las condiciones ácidas, por lo que este proceso los favorece.

La lluvia es **ligeramente ácida** y, con el tiempo, disuelve la caliza y forma cuevas en la roca.

PLANTAS Y PH

Todas las plantas se ven afectadas por el pH del suelo en el que crecen y, en ocasiones, esto puede producir efectos interesantes. Las hortensias como esta producen flores azules cuando crecen en suelos ácidos y flores rosadas cuando se cultivan en suelos más alcalinos.

ÁCIDOS Y ÁLCALIS

Los científicos determinan la acidez o alcalinidad de algo con la escala de pH. En esta escala, 0 es muy ácido, 14 es muy alcalino y 7 es neutro. Para comprobar la acidez de una sustancia, los científicos usan indicadores, es decir, sustancias que cambian de color ante diferentes valores de pH. Uno de los más conocidos es el indicador universal, en la imagen.

ALCALINO						NEUTRO						ÁCIDO		
14	13	12	11	10	9	8	7	6	5	4	3	2	1	0

ESCALA DE PH

La lejía doméstica, además de otros productos de limpieza, es alcalina y tiene un pH muy alto.

El pH del agua pura es 7, lo que la hace totalmente neutra.

Las sustancias ácidas como el vinagre y el jugo de limón tienen un pH bajo.

De la uva al vino

El proceso de fermentación convierte el mosto de uva en vino. La levadura, un tipo de hongo, se come los azúcares de las uvas y los convierte en dióxido de carbono y alcohol. Luego se deja que el vino desarrolle su sabor y color —en la imagen, en barricas de roble—, lo que le da un carácter extra.

Granos de chocolate

El chocolate se elabora con los granos que hay dentro de las vainas de cacao. Los granos se fermentan bajo hojas de plátano durante varios días, durante los cuales ciertos hongos y bacterias desarrollan sabores en ellos. Luego se colocan al sol (arriba) hasta que se secan y quedan listos para convertirse en chocolate.

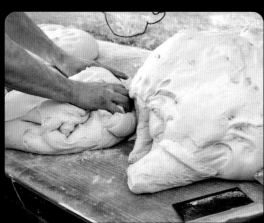

Hacer pan

La levadura es el fermento usado en la elaboración de pan. Este pequeño hongo consume el azúcar dentro de la masa y libera dióxido de carbono. Las burbujas de este gas quedan atrapadas dentro de la masa y se expanden al cocinarla, lo que hace que el pan se levante y le da una textura ligera y esponjosa.

Se estima que producimos **queso** desde hace más de **7500** años.

INGREDIENTES ACTIVOS

MICROBIOS Y COMIDA

Los microorganismos son formas de vida no visibles a simple vista que a veces llamamos «microbios». Algunos tienen mala reputación por causar enfermedades, pero muchos de nuestros alimentos favoritos les deben su sabor y su textura. Los microbios como las bacterias, la levadura o el moho pueden cambiar la química de los alimentos en un proceso natural llamado fermentación. Los seres humanos fermentamos alimentos desde hace miles de años para que duren más, tengan mejor sabor o sean más nutritivos.

Añadir bacterias

En una primera etapa de la elaboración del queso, se añade a las cubas de leche un polvo amarillo que contiene bacterias. Estas se comen el azúcar rico en energía de la leche y lo convierten en sustancias que hacen que la leche se solidifique.

FERMENTACIÓN

La fermentación es una reacción química natural que ocurre cuando los microbios consumen alimentos. Los diferentes tipos de microbios provocan diferentes tipos de fermentación. Estas criaturas consumen los azúcares de los alimentos —en la leche, en el caso del queso— y luego los convierten en sustancias que agregan sabor. En el queso, los microbios comen azúcares y producen ácido láctico, que no solo le da sabor al queso, sino que también ayuda a que dure más.

Los microbios consumen los azúcares.

Se liberan productos químicos que dan sabor.

Azúcares

Pueden crear dióxido de carbono.

PROCESO DE FERMENTACIÓN

Curación del queso

En una bodega de curación de Francia, un quesero golpea los quesos para comprobar lo maduros que están. Algunos tipos de queso de sabor fuerte se dejan madurar durante varios años. Esto permite que las bacterias y el moho sigan fermentándolos, por lo que sus ricos sabores y texturas continúan desarrollándose.

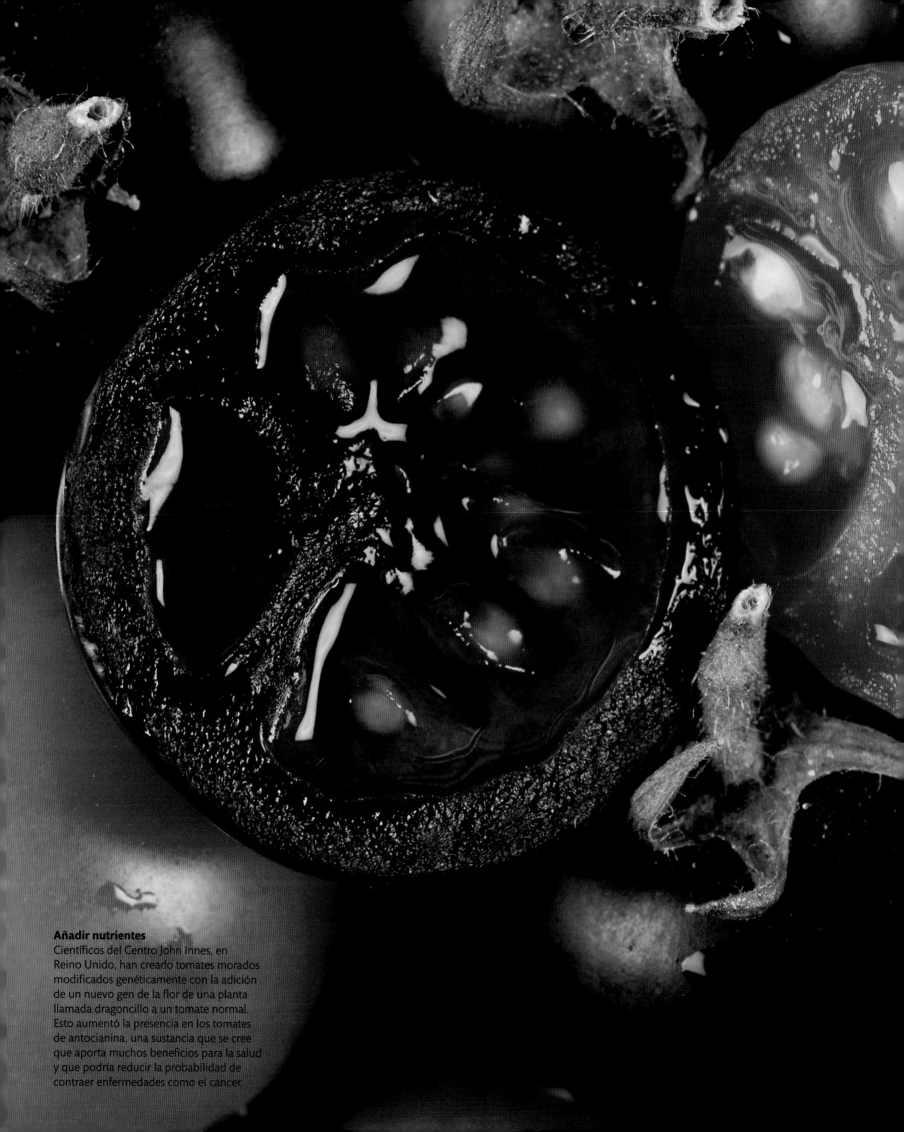

Añadir nutrientes
Científicos del Centro John Innes, en
Reino Unido, han creado tomates morados
modificados genéticamente con la adición
de un nuevo gen de la flor de una planta
llamada dragoncillo a un tomate normal.
Esto aumentó la presencia en los tomates
de antocianina, una sustancia que se cree
que aporta muchos beneficios para la salud
y que podría reducir la probabilidad de
contraer enfermedades como el cáncer.

CREAR NUEVOS CULTIVOS

TRANSGÉNICOS

Con el aumento de la población mundial, los científicos buscan formas de hacer más eficiente la producción de alimentos. Una es cambiar las propiedades de una planta alterando unas instrucciones de sus células llamadas genes. Puede hacerse que los cultivos modificados genéticamente (MG) contengan más nutrientes, resistan plagas o necesiten menos agua para crecer. Se prueban cuidadosamente para garantizar que sean seguros, pero a muchas personas les preocupan los efectos a largo plazo de estos cambios.

NUEVAS FRUTAS
En la década de 1990, el virus de la mancha anular de la papaya acabó con las plantaciones de papaya en Hawái, Estados Unidos. Los científicos desarrollaron entonces una variedad transgénica llamada papaya arco iris, resistente al virus, para que las plantaciones prosperasen de nuevo.

LOS GENES

Los genes son secciones de ADN (ver página 190), una sustancia que está en el interior de las células de los seres vivos y determinan sus características y rasgos. Los genes son hereditarios: la descendencia de un organismo heredará los genes de sus padres. En los últimos años se han desarrollado nuevas tecnologías que permiten a los científicos modificar los genes de las plantas e incluso de los animales.

Se crean **transgénicos** que crezcan en el **espacio** para alimentar a los astronautas.

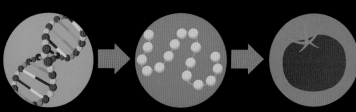

ADN
El ADN tiene la forma de una doble hélice y parece una escalera de caracol. Sus secciones constituyen los genes.

Proteínas
Cada gen en el ADN de una persona es un código que dice a las células que produzcan diferentes proteínas.

Características
Distintas proteínas producen distintas características, como por ejemplo el color de una fruta.

EXPERIMENTOS EN EL ESPACIO

CULTIVO DE PLANTAS EN BAJA GRAVEDAD

En la Estación Espacial Internacional (ISS), los astronautas hacen muchos experimentos. Entre otras cosas, examinan cómo se comporta el fuego en baja gravedad, estudian la radiación de las estrellas y cultivan plantas en el espacio. Las plantas no solo proporcionan alimentos, sino que son excelentes para el bienestar mental de los astronautas. Sin embargo, la baja gravedad puede afectar el crecimiento de las plantas. Si los astronautas usaran tierra, esta flotaría, por lo que en su lugar mantienen las raíces en bolsas protectoras llenas de nutrientes.

VERDURAS DE HOJA

Si bien gran parte de la comida de la ISS llega en bolsas procedentes de la Tierra, se han comenzado a cultivar verduras frescas a bordo. La exploración espacial futura puede llevar a los humanos a lugares lejanos, como Marte, lo que hará esencial cultivar los alimentos.

CRECIMIENTO DE LAS PLANTAS

Para crecer en el espacio, las plantas necesitan las mismas cosas que en la Tierra. Las más importantes son el agua, los minerales y la luz. En la ISS, la luz proviene de lámparas, cuyo calor proporciona la temperatura adecuada para el crecimiento. Los nutrientes, que las plantas encuentran normalmente en el suelo, se agregan al agua.

Las plantas usan la luz del Sol para crear su alimento (ver página 52).

Necesitan agua para producir alimentos y mantenerse fuertes.

El calor del Sol les da la temperatura adecuada.

Las raíces absorben nutrientes del suelo.

Producen alimento con el CO_2 del aire.

Nutrientes en el suelo

Flores cósmicas
En 2016, estas coloridas zinnias fueron las primeras flores que crecieron en el espacio en un experimento del proyecto Veggie de la NASA en la ISS, que demostró que las plantas pueden crecer en el espacio.

En 2015, los astronautas comieron una **ensalada espacial** con lechuga **recién** cosechada.

MONTANA HELADA
ESTUPAS DE HIELO

Zonas de la fría y seca región montañosa del Himalaya, en Asia, reciben solo 50-70 mm de lluvia al año y experimentan temperaturas de hasta –30 °C. Aunque la nieve permanece en los picos durante todo el año, las regiones más bajas son áridas en verano. Los científicos han desarrollado una forma de congelar el agua de deshielo en montículos llamados estupas. En este estado de congelación, el agua se puede almacenar a gran altitud para regar los cultivos en los campos cercanos.

Riego de verano

Las granjas en las estribaciones del Himalaya dependen del agua que fluye de los glaciares, pero el cambio climático hace que el suministro de agua sea cada vez más variable. Al calentarse la Tierra, los glaciares desaparecen y los agricultores han tenido que desarrollar nuevas formas de almacenar el agua para regar los cultivos en verano.

Almacén de agua

Esta imponente estupa fue construida por un grupo de jóvenes ingenieros en el distrito de Leh, en Ladakh, India. Sirve como reserva de agua. Su forma de cono significa que la masa de hielo tiene un área relativamente pequeña expuesta a la luz solar directa. Por eso se derrite más despacio que si estuviera en una capa plana. Como es hueca, se ha abierto una cafetería en su interior.

El agua que salpica de la parte superior se congela y se convierte en hielo en el aire frío.

ESTADOS DE LA MATERIA

La materia existe en tres estados: sólido, líquido o gaseoso. El hielo en una estupa es sólido, pero la misma sustancia también puede ser agua (un líquido) y vapor (gas). Los sólidos tienen una forma fija porque sus moléculas se mantienen juntas con fuertes enlaces. Los líquidos y los gases tienen enlaces más débiles, por lo que pueden cambiar de forma fácilmente (los gases casi no tienen forma). Las estupas de hielo se basan en que el agua líquida puede congelarse como hielo sólido a baja temperatura, y este se derrite en agua a temperatura más alta.

Sólido
Las moléculas del hielo están muy apretadas entre sí.

Líquido
Las moléculas de agua tienen espacio para moverse.

Gas
Las moléculas de vapor se mueven libremente.

Hacer una estupa de hielo
Los ingenieros colocan conductos en la montaña para recolectar agua de los glaciares. Luego, el agua fluye por un tubo y se pulveriza en el aire helado, con lo que se convierte en hielo sólido. Después, a medida que aumenta la temperatura, la estupa se derrite.

El agua que se derrite de un glaciar fluye hacia abajo por un conducto.

El agua sale pulverizada.

El agua se congela y forma una estupa.

En verano, el agua del deshielo fluye hacia los campos.

Una estupa de hielo de 21 m de altura puede contener **1,9 millones de litros** de agua.

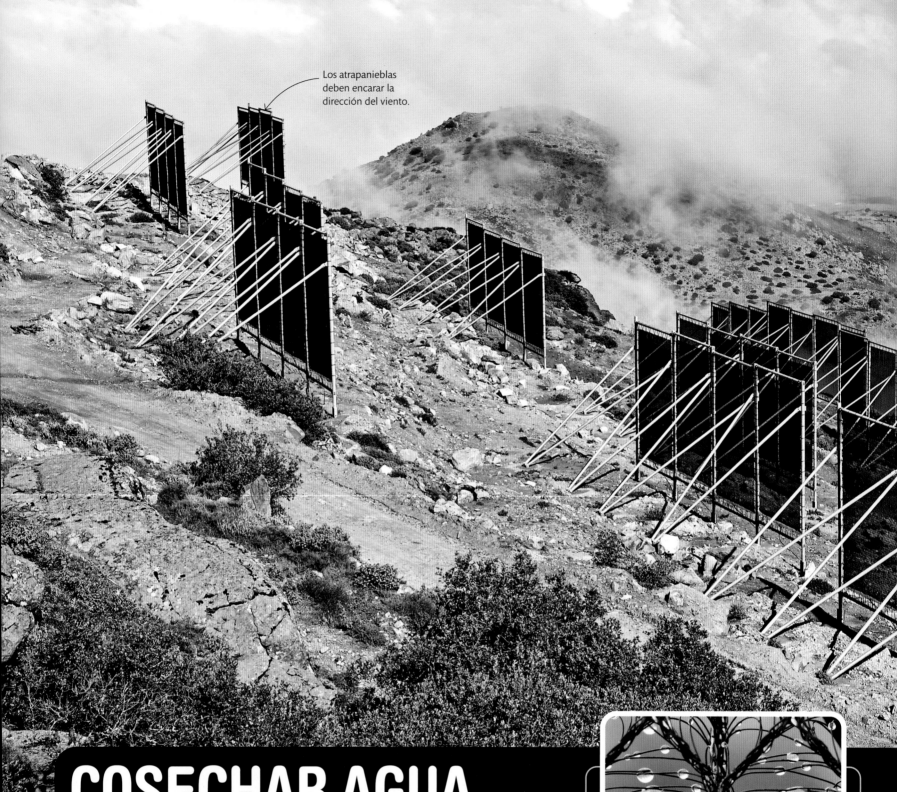

Los atrapanieblas deben encarar la dirección del viento.

COSECHAR AGUA
CAZADORES DE NIEBLA

En regiones del mundo con escasas precipitaciones, a veces se puede recolectar agua de fuentes inusuales. Los atrapanieblas son estructuras simples que pueden atrapar las gotas de agua en la niebla, para adquirir agua potable sin usar energía. Son una solución de bajo coste para áreas con mucha niebla pero poca lluvia. La niebla está formada por incontables gotitas de agua suspendidas en el aire. A medida que el viento sopla la niebla a través de la malla de los atrapanieblas, esta atrapa las gotas de agua.

DISEÑO DE MALLA
La red de un atrapanieblas no es sólida, pues de lo contrario el viento rodearía el receptor en lugar de atravesarlo. Está hecha de una malla fina, lo que dota a la red de una gran superficie para que pueda así recolectar la mayor cantidad posible de agua de la niebla.

En días de mucha niebla, CloudFisher puede recolectar hasta **600 litros** de agua.

En las nubes
CloudFisher es un gran sistema de captura de niebla con redes que pueden soportar vientos fuertes. Está situado en el monte Boutmezguida, una zona seca pero con niebla de Marruecos, donde abastece de agua a unas 1600 personas.

ESTADOS CAMBIANTES

El agua puede existir en tres estados (ver página 25): líquido, sólido (hielo) y gaseoso (vapor). Pasa de un estado a otro a medida que cambia su temperatura. Cuando esta disminuye, el gas se enfría y se convierte en líquido en un proceso conocido como «condensación».

FUSIÓN
SOLIDIFICACIÓN
SÓLIDO (HIELO)
DEPOSICIÓN
SUBLIMACIÓN
CONDENSACIÓN
LÍQUIDO (AGUA)
EVAPORACIÓN
GAS (VAPOR)

De la niebla al agua
En el aire fresco de la mañana, el vapor de agua se condensa y forma gotitas que quedan suspendidas en el aire en forma de niebla. La malla captura las gotas, que corren hacia un canalón.

La niebla es una acumulación de gotitas.

La malla captura las gotitas.

El agua líquida fluye a través de conductos hasta los tanques de retención.

EXTRAER SAL

SEPARAR LO QUE ESTABA MEZCLADO

La sal de mesa tiene muchos usos, más allá de dar sabor a los alimentos. Se compone principalmente de cloruro de sodio, un mineral frecuente en la Tierra pero que a menudo está disuelto en el agua. Ese agua no se puede filtrar, pero se puede separar de la sal por medio de la evaporación. El agua salada queda atrapada en piscinas poco profundas y el calor del Sol hace que se evapore, dejando entonces montones de sal blanca.

CARRETERAS EN INVIERNO

La sal se esparce en las carreteras en invierno, donde se mezcla con la lluvia y la nieve para formar agua salada. Esta tiene un punto de fusión más bajo que el agua pura, lo que evita que se congele. Así, las carreteras son menos resbaladizas y más seguras para los conductores.

EVAPORACIÓN

El agua salada es una solución, es decir, una mezcla en la que una sustancia (el soluto) se disuelve en otra (el solvente). La sal es un soluto. Podemos separar el soluto de la solución mediante evaporación. El agua líquida se convierte en gas (vapor), dejando partículas sólidas de sal.

Solución de agua salada

El agua se convierte en gas al evaporarse.

Solo queda la sal (soluto).

1. El agua salada se calienta un poco.

2. Al evaporarse agua, la solución se vuelve más concentrada y salada.

3. Cuando toda el agua se ha evaporado, solo quedan los cristales sólidos de sal.

Salina
La sal puede extraerse de forma natural en grandes áreas llanas llamadas «salinas». La salina más grande del mundo es el Salar de Uyuni, en Bolivia, un antiguo lago que cubre más de 10 000 km^2. El Salar de Uyuni también es un yacimiento de litio, magnesio y potasio.

Se estima que el Salar de Uyuni contiene unos **10 000 millones** de toneladas de sal.

FILTRO SOLAR
BOLAS DE SOMBRA

En regiones secas y soleadas, como California, Estados Unidos, unas esferas de plástico negro llamadas «bolas de sombra» flotan en los embalses para conservar el agua. Evitan que se evapore, reducen el crecimiento de las algas e impiden que la luz solar reaccione con los productos químicos del agua y la haga no apta para beber. Se estima que esta capa flotante flexible puede ayudar a reducir la evaporación entre un 85 y un 90 %, y dura unos 25 años. Sin embargo, a algunos investigadores les preocupa que el uso prolongado de plástico pueda causar reacciones tóxicas en el agua.

En 2019, unos **780 millones** de personas tenían dificultades para conseguir agua potable.

Infestación de algas
Un barco atraviesa la superficie verde del lago Erie, en Ohio, que se ha llenado de algas. En ciertas condiciones, estos organismos se multiplican rápidamente, consumiendo oxígeno en el agua y produciendo sustancias nocivas para los peces y otras formas de vida.

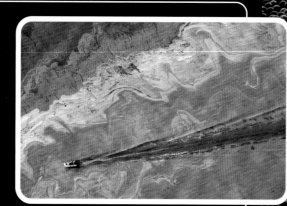

PLÁSTICOS

Los plásticos tienen muchas propiedades útiles: son ligeros y flexibles, pero a su vez son fuertes y resistentes al agua. Están formados por moléculas llamadas polímeros, cadenas largas de moléculas más pequeñas llamadas monómeros, que generalmente contienen hidrógeno y carbono. Las bolas de sombra están hechas del polímero polietileno, que está hecho de moléculas de eteno. También se usa para hacer bolsas, botellas y muchas otras cosas.

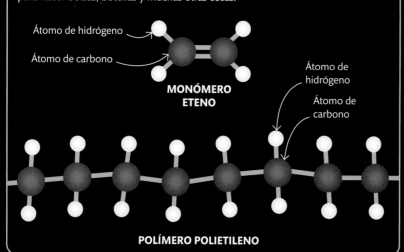

Átomo de hidrógeno

Átomo de carbono

MONÓMERO ETENO

Átomo de hidrógeno

Átomo de carbono

POLÍMERO POLIETILENO

El estado de California, en Estados Unidos, experimenta frecuentes sequías. Las bolas de sombra se probaron por primera vez allí en 2008, cuando se arrojaron cerca de tres millones de bolas al embalse Ivanhoe, en Los Ángeles.

LIMPIAR AGUA SUCIA

TRATAMIENTO DE AGUAS RESIDUALES

Miles de millones de litros de agua sucia procedentes de fábricas, granjas y hogares corren por los desagües y las alcantarillas todos los días. Es una mezcla de aguas residuales humanas y todo tipo de bacterias y productos químicos peligrosos, por lo que debe limpiarse a fondo antes de liberarla al medio ambiente. El tratamiento de las aguas residuales es básico para prevenir la escasez de agua. El proceso, que consta de varias etapas, consiste en varios métodos físicos, biológicos y químicos para descontaminar el agua y poder reutilizarla. En la etapa de sedimentación se separan los desechos sólidos del agua.

PASTEL DE LODO

El residuo sólido seco que queda del tratamiento del agua se denomina torta de lodo y tiene su propio uso. Las tortas de lodo pueden usarse como fertilizantes para ayudar a las plantas a crecer, pues les proporcionan nutrientes adicionales.

SEDIMENTACIÓN

La sedimentación es un método físico de limpieza del agua en el que las partículas sólidas pesadas de una solución se hunden al fondo por efecto de la gravedad, y así pueden eliminarse fácilmente. Cuando el agua sucia pasa a un tanque de sedimentación (abajo), un lodo de partículas sólidas, como las de las aguas residuales humanas, se deposita en el fondo para ser recolectado, mientras que sustancias más livianas, como el aceite y la espuma, flotan en la parte superior, donde pueden eliminarse.

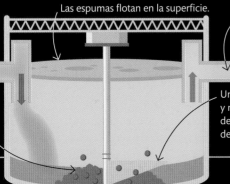

El agua sucia fluye al tanque.

Las espumas flotan en la superficie.

Sale agua más limpia.

El lodo se deposita en el fondo. Se puede recolectar y secar.

Un raspador gira y mueve los desechos sólidos del fondo.

Solo las aguas residuales de 2020 podrían llenar 144 millones de piscinas olímpicas.

Limpiar el agua
Estos doce tanques de sedimentación de una planta de tratamiento de aguas residuales en Sha Tin, Hong Kong, funciona junto con otros tratamientos para limpiar más de 1000 millones de litros diarios de aguas residuales.

¡CARGAR BATERÍAS!

DAR ELECTRICIDAD

La mayor parte de la electricidad se genera en lugares como centrales eléctricas, parques eólicos o centrales nucleares, y después se transmite a hogares e industrias a través de una compleja red llamada red eléctrica. Estas redes eléctricas están compuestas por cables interconectados y otras infraestructuras, como torres de transmisión y subestaciones, que en conjunto suministran electricidad a grandes distancias con la menor pérdida de energía posible. La electricidad viaja como una corriente de partículas cargadas llamadas electrones (ver página 177).

CORRIENTE ELÉCTRICA

La corriente eléctrica es el movimiento de pequeñas partículas llamadas electrones. En un cable de metal, los electrones se mueven libremente pero sin dirección en particular. Cuando el cable se conecta a una fuente de energía eléctrica, como un generador o una batería, los electrones libres se mueven en una sola dirección.

Electrones que se mueven al azar

Flujo continuo de electrones en la misma dirección.

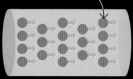

NO HAY CORRIENTE ELÉCTRICA

CORRIENTE ELÉCTRICA

La torre eléctrica **más alta** del mundo está en China: tiene **370 m** de altura

Las líneas eléctricas interconectadas suministran electricidad a grandes distancias. Los cables descubiertos se suspenden muy por encima del suelo en postes y torres, donde no representan un peligro para las personas.

Cómo viaja la corriente

La presión que empuja a la electricidad a viajar por cables se llama voltaje. Cuanto mayor sea el voltaje, menos energía se pierde por la resistencia a medida que la corriente viaja por las líneas eléctricas. En la central eléctrica, un dispositivo llamado transformador aumenta el voltaje. Al salir de la red, otro transformador disminuye la tensión.

Central eléctrica

La mayor parte de la red eléctrica está formada por cables suspendidos de torres de transmisión.

El voltaje generalmente se eleva a 400 000 voltios antes de ingresar a la red eléctrica.

El voltaje se reduce cuando sale de la red eléctrica.

La electricidad llega al hogar

Un transformador elevador aumenta el voltaje.

Un transformador reductor reduce el voltaje.

Torres de enfriamiento
El vapor producido en una planta de energía nuclear debe enfriarse después de pasar por las turbinas para que pueda ingresar al núcleo del reactor nuevamente como agua fría. Se usa más agua fría para enfriar el vapor y, al hacerlo, esta se calienta. Luego se enfría en torres de enfriamiento, como estas de la central de Novovoronez, en Rusia.

Hay más de
400 reactores nucleares en
funcionamiento en todo el mundo.

CENTRAL NUCLEAR
ENERGÍA ATÓMICA

La energía nuclear genera alrededor del 10 % de la electricidad mundial. Aprovecha la gran cantidad de energía almacenada en los átomos (ver página 177). Esta puede liberarse al dividir el núcleo (centro) del átomo en una reacción conocida como «fisión». La energía nuclear no es una forma de energía renovable, ya que el combustible que utiliza puede agotarse. Sin embargo, las centrales nucleares no producen gases de efecto invernadero nocivos, a diferencia de otras, que queman combustibles fósiles como carbón, petróleo y gas.

FISIÓN NUCLEAR

Para liberar el poder del átomo, se dispara un neutrón al núcleo de un átomo inestable, por ejemplo de uranio. Esto divide el núcleo, liberando energía y disparando más neutrones, los cuales dividen otros núcleos, liberando aún más energía y provocando una reacción en cadena.

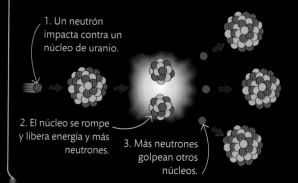

1. Un neutrón impacta contra un núcleo de uranio.

2. El núcleo se rompe y libera energía y más neutrones.

3. Más neutrones golpean otros núcleos.

NÚCLEO DEL REACTOR

Ingenieros mirando el núcleo inactivo de un reactor nuclear, en que las barras de combustible de uranio están rodeadas de agua. El uranio funciona bien como combustible porque es muy inestable y sus núcleos se rompen fácilmente. Algunas plantas usan otros combustibles, como el plutonio.

De la fisión a la electricidad

Las reacciones de fisión nuclear ocurren en una parte de una central eléctrica llamada núcleo del reactor. Las barras de control, hechas de grafito, bajan y suben entre las barras de uranio. El grafito absorbe neutrones y puede usarse para ralentizar la reacción en cadena si es necesario. El calor de la reacción en cadena se utiliza para hervir agua y crear vapor que se envía a través de turbinas para generar electricidad.

La reacción genera vapor.

El agua de refrigeración sale en forma de vapor.

El vapor alimenta una turbina, que genera electricidad.

Las torres dan electricidad a la red eléctrica.

Barras de control

Barras de combustible de uranio

Núcleo del reactor

El agua de refrigeración quita calor del vapor.

Fusión nuclear
Este reactor, que se está construyendo en Estados Unidos, quiere generar energía con una reacción nuclear de fusión. En este proceso, los núcleos de los átomos chocan a tal velocidad que se fusionan, liberando grandes cantidades de energía.

IMPULSADOS POR EL SOL

ENERGÍA SOLAR

El Sol irradia cantidades masivas de luz y energía térmica, llamada «energía solar», que son esenciales para sustentar la vida en la Tierra. La energía solar se puede convertir en energía eléctrica útil con la ayuda de tecnologías como las células solares, que se unen para formar paneles solares. La energía solar es una fuente de energía limpia y renovable en rápido crecimiento, y es probable que, para 2050, sea la principal fuente de energía del mundo.

EL SOL

El Sol es la estrella más cercana a la Tierra y está formado por capas de plasma extremadamente caliente. La energía del Sol se genera mediante reacciones nucleares en su núcleo y luego se irradia hacia el espacio y hacia la Tierra.

En esta parte del Sol, la energía se transfiere por radiación.

En el núcleo del Sol, la energía se genera mediante un proceso llamado fusión nuclear.

Transformar la energía del Sol

Las células solares están dispuestas en paneles solares planos para convertir la máxima cantidad de energía luminosa del Sol en energía eléctrica. Cuando la luz solar incide sobre una célula, esta absorbe la energía, lo que hace que los átomos liberen electrones. Esto produce un flujo de electrones a través del panel que genera una corriente eléctrica (ver página 34).

SOL

La energía de la luz solar libera electrones.

El movimiento de electrones es una corriente eléctrica.

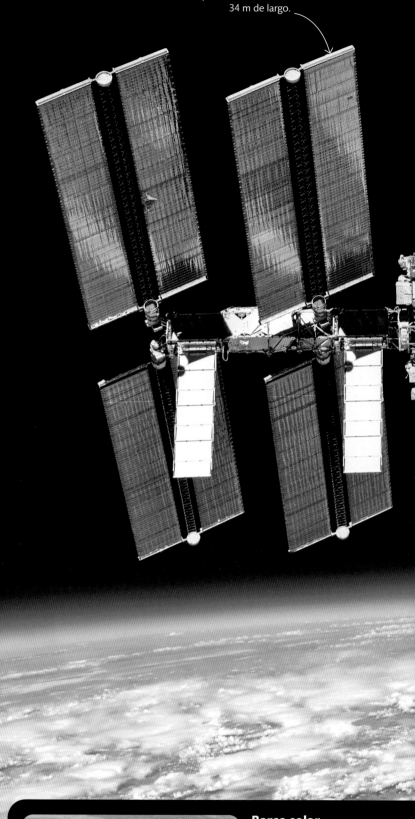

Cada conjunto de paneles solares tiene 34 m de largo.

Barco solar

Los paneles solares pueden utilizarse para impulsar vehículos, como el *Tûranor PlanetSolar*, en la imagen, el barco más grande del mundo impulsado por luz solar. Está cubierto por más de 500 m^2 de paneles solares.

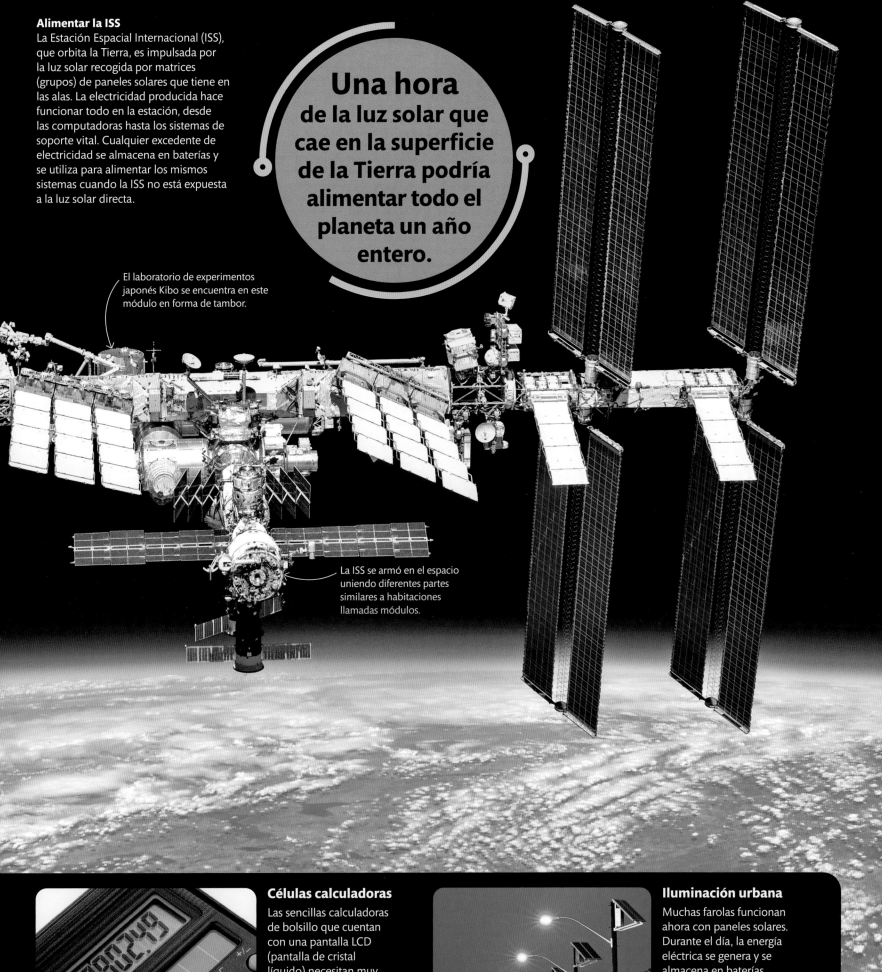

Alimentar la ISS

La Estación Espacial Internacional (ISS), que orbita la Tierra, es impulsada por la luz solar recogida por matrices (grupos) de paneles solares que tiene en las alas. La electricidad producida hace funcionar todo en la estación, desde las computadoras hasta los sistemas de soporte vital. Cualquier excedente de electricidad se almacena en baterías y se utiliza para alimentar los mismos sistemas cuando la ISS no está expuesta a la luz solar directa.

Una hora de la luz solar que cae en la superficie de la Tierra podría alimentar todo el planeta un año entero.

El laboratorio de experimentos japonés Kibo se encuentra en este módulo en forma de tambor.

La ISS se armó en el espacio uniendo diferentes partes similares a habitaciones llamadas módulos.

Células calculadoras

Las sencillas calculadoras de bolsillo que cuentan con una pantalla LCD (pantalla de cristal líquido) necesitan muy poca energía para funcionar. Funcionan con pequeñas células solares de silicio con las que está equipado el dispositivo.

Iluminación urbana

Muchas farolas funcionan ahora con paneles solares. Durante el día, la energía eléctrica se genera y se almacena en baterías. Por la noche, la energía almacenada en las baterías alimenta las lámparas, que se encienden automáticamente.

ALMACENAR LA ENERGÍA

GRANDES BATERÍAS

Uno de los desafíos de las energías renovables es producir un suministro constante, ya que el viento y la luz solar no siempre pueden garantizarse. Una solución es almacenar energía a medida que se genera para su posterior uso. Las baterías recargables gigantes, como las que utilizan los aparatos electrónicos domésticos y los coches eléctricos (ver página 89), son una forma de almacenar esta energía para garantizar un suministro continuo.

ENERGÍA DE BOMBEO

Una central hidroeléctrica almacena la energía potencial del agua. El agua almacenada en la parte superior impulsa las turbinas al fluir cuesta abajo. Se puede bombear cuesta arriba cuando la demanda de energía es baja y almacenarla hasta que haya que accionar las turbinas.

ALMACENAR ENERGÍA

La energía es la capacidad de hacer que sucedan cosas. Ocurre de muchas formas diferentes, como la luz y el calor. La energía que se almacena, lista para utilizarse, se llama energía potencial. La energía se puede almacenar de muchas maneras, por ejemplo levantando objetos pesados, haciendo girar objetos o como carga eléctrica en una batería.

Una máquina llamada volante de inercia almacena energía cinética (movimiento).

Un peso suspendido almacena energía potencial gravitacional.

Un resorte comprimido almacena energía potencial elástica.

Una batería recargable almacena energía eléctrica.

Almacenaje a gran escala
Largas filas de baterías gigantes en la Reserva de Energía Hornsdale, en Neoen, Australia, almacenan energía generada por turbinas eólicas en los campos circundantes. Estos tipos de baterías se denominan baterías de iones de litio y se pueden recargar para usarse una y otra vez.

Las baterías de Hornsdale, en Neoen, pueden almacenar **129 megavatios/ hora.**

AEROHOJA

Cada turbina con forma de hoja, llamada Aeroleaf, mide 1 m de altura. Cuando el viento golpea sus paneles, gira verticalmente. Una Aeroleaf puede producir hasta 300 vatios de electricidad, suficiente para alimentar unos seis ordenadores.

Cada miniturbina está hecha de plástico.

El tronco y las ramas son de acero.

Un Árbol de Viento produce en un año tanta electricidad como quemar **860 kg** de carbón.

Árbol de Viento

Esta estructura única, construida en las afueras de París, Francia, tiene forma de árbol y cada hoja es una miniturbina eólica. Cada árbol tiene alrededor de 36 turbinas, que pueden aprovechar tanto una suave brisa como fuertes ráfagas de viento.

APOVECHAR EL VIENTO

TURBINAS EÓLICAS

La energía eólica, junto con la energía solar y la energía hidroeléctrica (la energía del agua), es una forma de energía renovable, es decir, que nunca se agota. El Árbol del Viento de la imagen opera a un nivel local y reducido, pero aprovecha el viento de manera similar a las turbinas gigantes de los parques eólicos (ver páginas 46-47). Las turbinas eólicas convierten el poder del viento en energía eléctrica. Las palas de una turbina rotan cuando sopla el viento, haciendo girar un eje y accionando una máquina llamada «generador», que convierte la energía mecánica de este movimiento en energía eléctrica.

MICROGENERACIÓN

Las turbinas eólicas tienen gran variedad de tamaños y diseños. Las miniturbinas pueden montarse en los tejados para generar pequeñas cantidades de electricidad, ya sea para satisfacer las necesidades energéticas de un hogar o negocio, o para aportar energía a la red eléctrica.

GENERADORES

Cuando el viento impulsa las turbinas, su energía se convierte en energía mecánica. Esta pasa a un generador, una máquina que convierte la energía mecánica en eléctrica y que funciona mediante imanes. La energía de las palas hace girar una bobina de alambre dentro del imán. Esto genera un flujo de electrones, una corriente eléctrica (ver página 34) que pasa a través de cables a la red eléctrica.

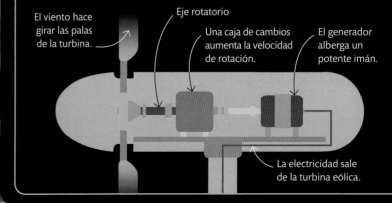

El viento hace girar las palas de la turbina.

Eje rotatorio

Una caja de cambios aumenta la velocidad de rotación.

El generador alberga un potente imán.

La electricidad sale de la turbina eólica.

Un parque eólico sobre las olas
En el mar del Norte, frente a la costa de
Dinamarca, se encuentra Horns Rev, uno de
los parques eólicos marinos más grandes
del mundo. Construido en tres fases, cuenta
con 220 turbinas, que cada año producen
energía suficiente para 150 000 viviendas.

CULTIVAR ALGAS
Las algas son un tipo de organismo similar a las plantas. En la imagen, algas creciendo en un laboratorio. Se cultivan a gran escala en una máquina llamada fotobiorreactor, que les suministra luz y dióxido de carbono para que produzcan aceite a un ritmo más rápido.

AUTOBÚS DE BIODIÉSEL
DeuSEL®, el primer biodiésel de la historia —hecho a base de la microalga *Euglena*—, impulsa este autobús en Yokohama, Japón. El proyecto DeuSEL® se propone desarrollar carburantes alternativos que reduzcan las emisiones de dióxido de carbono.

ENERGÍA VERDE

BIOCOMBUSTIBLES

Los biocombustibles son combustibles derivados de plantas, algas o desechos animales. A diferencia de los fósiles como el carbón o el petróleo, formados a partir de restos de plantas y animales muertos hace millones de años, los biocombustibles son renovables, lo que significa que nunca se agotarán. Las algas son una fuente prometedora de biocombustible. Cuando se les suministra luz solar y nutrientes, producen un rico aceite que se convierte fácilmente en combustible.

QUEMAR CEREALES

El maíz también se puede convertir en biocombustible. Cada año se producen en Estados Unidos millones de litros de bioetanol, a base de maíz. Aunque son renovables, el cultivo de biocombustibles a gran escala puede tener un impacto en el ambiente y el suministro de alimentos.

PRODUCIR BIOCARBURANTE

Al crecer, las algas absorben dióxido de carbono del aire y producen un aceite rico en carbono. Este aceite se extrae y se procesa para producir un combustible, que puede utilizarse para impulsar vehículos. Cuando se quema, produce la misma cantidad de dióxido de carbono que tomó del aire cuando creció.

1. Las algas utilizan energía de la luz solar y dióxido de carbono del aire para crecer.

2. El aceite de las algas se convierte en combustible en una refinería.

3. El combustible se utiliza en vehículos igual que la gasolina o el diésel.

4. Cuando el combustible se quema, libera dióxido de carbono al aire.

Las algas crecen con gran rapidez. Algunas duplican su masa en poco menos de **6 horas.**

CONSTRUIR Y CREAR

La ciencia ha desarrollado estructuras y materiales nuevos. Los científicos han creado muchas cosas que nos facilitan la vida, desde grúas capaces de construir grandes puentes y edificios hasta materiales especiales que pueden usarse en la oscuridad o bajo el agua. La ciencia también nos ayuda a reciclar materiales como el vidrio y el aluminio, con lo que se reduce la contaminación y se conservan recursos de mucho valor.

BOSQUES VERTICALES
ECOEDIFICIOS

Los vehículos y las fábricas emiten gases nocivos y partículas contaminantes que son un riesgo para la salud. Algunos edificios ecológicos están diseñados para actuar como purificadores de aire urbano. Las torres de Bosco Verticale («bosque vertical»), en Milán, Italia, tienen numerosas plantas en su parte exterior. Estas atrapan partículas contaminantes y absorben dióxido de carbono mediante un proceso llamado fotosíntesis. El dióxido de carbono contribuye al cambio climático (ver página 156).

TORRE ANTISMOG

Esta torre de aluminio en Rotterdam, Países Bajos, es una aspiradora de *smog*. Aspira aire, elimina pequeñas partículas contaminantes y expulsa aire limpio. Es muy eficiente energéticamente, pues utiliza casi la misma cantidad de energía que una tetera eléctrica.

FOTOSÍNTESIS

Las plantas necesitan dióxido de carbono para crecer. Sus hojas lo convierten en energía y oxígeno usando agua y luz solar en una reacción llamada fotosíntesis. Las hojas de las plantas también tienen una superficie grande y pegajosa para atrapar partículas contaminantes muy pequeñas.

3. La luz solar aporta la energía para la fotosíntesis.

2. El dióxido de carbono entra en la hoja.

4. Se libera oxígeno.

1. El agua y los minerales se absorben a través de las raíces y se transportan por el tallo.

Edificios vivos
Estas torres residenciales, que funcionan con energía solar, son «edificios vivos»: la vegetación que crece en ellas reduce la humedad y ayuda a mantener frescos los edificios en verano. También atrae a muchas aves y mariposas.

Los edificios están cubiertos por **800** árboles, **5000** arbustos y otras **15 000** plantas.

Ver el calor
Esta imagen de una casa se tomó con una cámara infrarroja especial (ver páginas 184-185), la cual muestra las diferentes temperaturas en diferentes colores. Puede verse que la casa está perdiendo calor a través de las paredes hacia su entorno más frío. Saber dónde aislar ayuda a ahorrar costes de calefacción y de refrigeración.

El azul indica que el techo está fresco, posiblemente porque tiene aislamiento.

El rojo indica calor: es el calor del interior de la casa que se está escapando.

Sin aislamiento, una casa puede perder hasta el 60 % de todo el calor de su interior.

FRÍO

CALIENTE

ATRAPAR EL CALOR

AISLAMIENTO

El calor se mueve de lugares más cálidos a otros más fríos. Se pierde fácilmente al pasar de nuestras casas al exterior a través de techos, paredes, puertas y ventanas. El aislamiento es una forma de reducir la pérdida de calor desde el interior más cálido de una casa hacia sus alrededores más fríos durante el invierno. Además, el aislamiento mantiene la casa fresca en verano. El techo y las paredes de las casas modernas a menudo tienen una capa de materiales a través de los cuales el calor pasa con lentitud, como espuma, fibra de vidrio o plástico, lo que los hace más eficientes energéticamente.

MANTENERSE FRESCOS
Estas casas, construidas en el clima caluroso de Nuevo México, Estados Unidos, se diseñaron para estar frescas por dentro con ladrillos de adobe, uno de los materiales de construcción más antiguos. Están hechos de arcilla mezclada con paja.

TRANSFERENCIA DE CALOR

El calor fluye naturalmente de un objeto o área caliente a otros más fríos. Se transfiere de tres formas. Algunos objetos emiten calor en forma de ondas directamente al aire, lo que se denomina radiación. El calor también puede viajar a través de sólidos por conducción y a través de líquidos y gases a través de un proceso llamado convección. Cuando el agua se calienta en una cacerola, el calor viaja a través de ella en corrientes de convección.

El agua más fría se hunde y es calentada por convección.

El agua tibia se vuelve menos densa y asciende.

La llama del fogón irradia calor al aire.

El calor pasa hasta el mango por conducción.

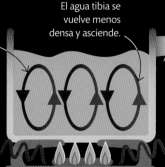

Base helada

La Estación de Investigación Antártica Halley VI monitorea la atmósfera en uno de los entornos más hostiles de la Tierra. La base puede soportar temperaturas de hasta −55 °C y se sostiene sobre pilares que separan sus módulos de la nieve.

Cada cuerda de suspensión
puede soportar hasta
225 000 kg.

Los gruesos cables de acero
sostienen los largos tirantes.

**El Golden Gate
tiene 500 tirantes
y el alambre de sus
cables podría dar la
vuelta a la Tierra
tres veces.**

SALVANDO DISTANCIAS

PUENTES SUSPENDIDOS

Grande y poderoso
El Golden Gate, en Estados Unidos, famoso en todo el mundo, cubre un tramo de agua de mar de 1,6 km y conecta la ciudad de San Francisco con el condado de Marin. Cuando se inauguró, en 1937, era el puente colgante más alto y largo del mundo.

Los pilares verticales tienen 227 m de altura y están anclados profundamente en el lecho marino.

Un puente es una estructura que sostiene una carretera, y permite a personas y vehículos salvar ríos, mares, valles y otros obstáculos. Hay muchos tipos de puentes, pero el tipo de mayor tamaño es el puente colgante. Estos se sostienen con largas cadenas llamadas tirantes, sujetas por gruesos cables y por altos pilares. Los puentes colgantes no son tan rígidos como otros tipos de puente, lo que significa que pueden soportar fuerzas como los terremotos.

PUENTE SUSPENDIDO MEDIANTE CABLES
Otro tipo de puente que utiliza cables para sostener una carretera es el puente atirantado. Aquí los cables sujetan directamente la calzada. Esta imagen muestra el puente atirantado más alto del mundo en Guizhou, China.

TENSIÓN Y COMPRESIÓN

El peso de la carretera y de los coches estira los tirantes y los cables. Al estar en tensión, tiran hacia el lado opuesto, como una goma, y así sostienen la carretera. Allí donde se unen a los pilares, los cables tiran hacia abajo y los pilares están en compresión. Como cualquier objeto sometido a compresión, los pilares tiran hacia atrás y soportan todo el puente.

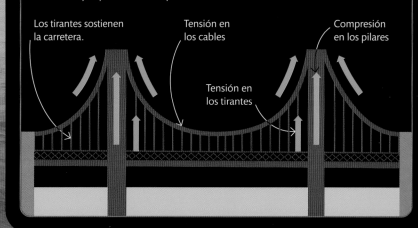

Los tirantes sostienen la carretera.

Tensión en los cables

Compresión en los pilares

Tensión en los tirantes

GRANDES PESOS

GRÚAS

Para construir puentes y rascacielos se necesita levantar cargas pesadas. Esto se puede hacer mediante grandes máquinas llamadas grúas, que utilizan palancas y poleas. De la misma forma que el tornillo, la rueda y el eje, la polea y la palanca son ejemplos de máquinas simples: dispositivos que pueden cambiar la dirección de las fuerzas y convertir fuerzas grandes en pequeñas o pequeñas en grandes. En casi todas las grúas, un sistema de poleas (ruedas con un cable que pasa sobre ellas) es el principal responsable de levantar la carga.

LLAVES INGLESAS

Una llave inglesa, que sirve para girar tuercas y tornillos, es un tipo de máquina simple llamado «palanca». Las palancas giran alrededor de un punto fijo llamado «fulcro» (aquí, en la cabeza de la llave inglesa). Empujar la llave lejos del fulcro y más abajo del mango largo de la llave aumenta la fuerza en el fulcro.

POLEAS

Una polea facilita el levantamiento de una carga. Con una polea se puede levantar más fácilmente una carga tirando hacia abajo de una cuerda. Al combinar dos o más poleas conectándolas con una sola cuerda —una máquina llamada polipasto—, se puede levantar una carga mucho mayor que la fuerza con la que se tira de la cuerda.

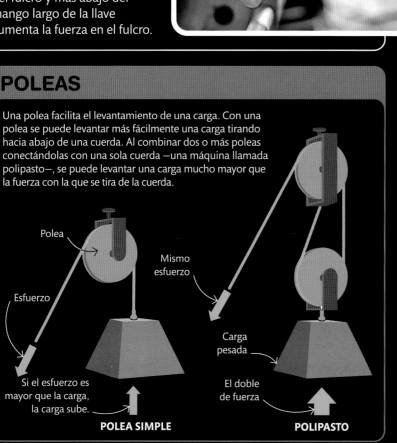

Polea

Esfuerzo

Mismo esfuerzo

Si el esfuerzo es mayor que la carga, la carga sube.

Carga pesada

El doble de fuerza

POLEA SIMPLE

POLIPASTO

Los cables ayudan a levantar los brazos de la grúa.

Los enormes brazos de metal actúan como palancas, ayudando a subir y bajar las cargas.

Estas grúas torre están unidas al puente y ayudan a mover objetos por el sitio.

Subiendo a lo alto

Una enorme grúa flotante levanta una gran sección del puente Zhoushan-Daishan, en China, que estaba en construcción en 2021. Estas grúas requieren dos sistemas separados de poleas para levantar sus cargas. Mientras un sistema levanta la carga, el otro levanta los brazos que llevan la carga.

Las largas y gruesas cuerdas de metal pasan sobre muchas poleas dentro del polipasto.

Esta viga de hormigón formará parte del puente.

PLATAFORMA FLOTANTE

Las grúas con enormes brazos de metal que se montan en botes y se utilizan para realizar tareas en el agua se denominan «cabrias flotantes». A menudo se utilizan en la construcción, para cargar y descargar de barcos y para rescatar restos hundidos del fondo del mar.

Esta grúa levanta vigas de **1800 toneladas** cada una, el peso de 400 elefantes adultos.

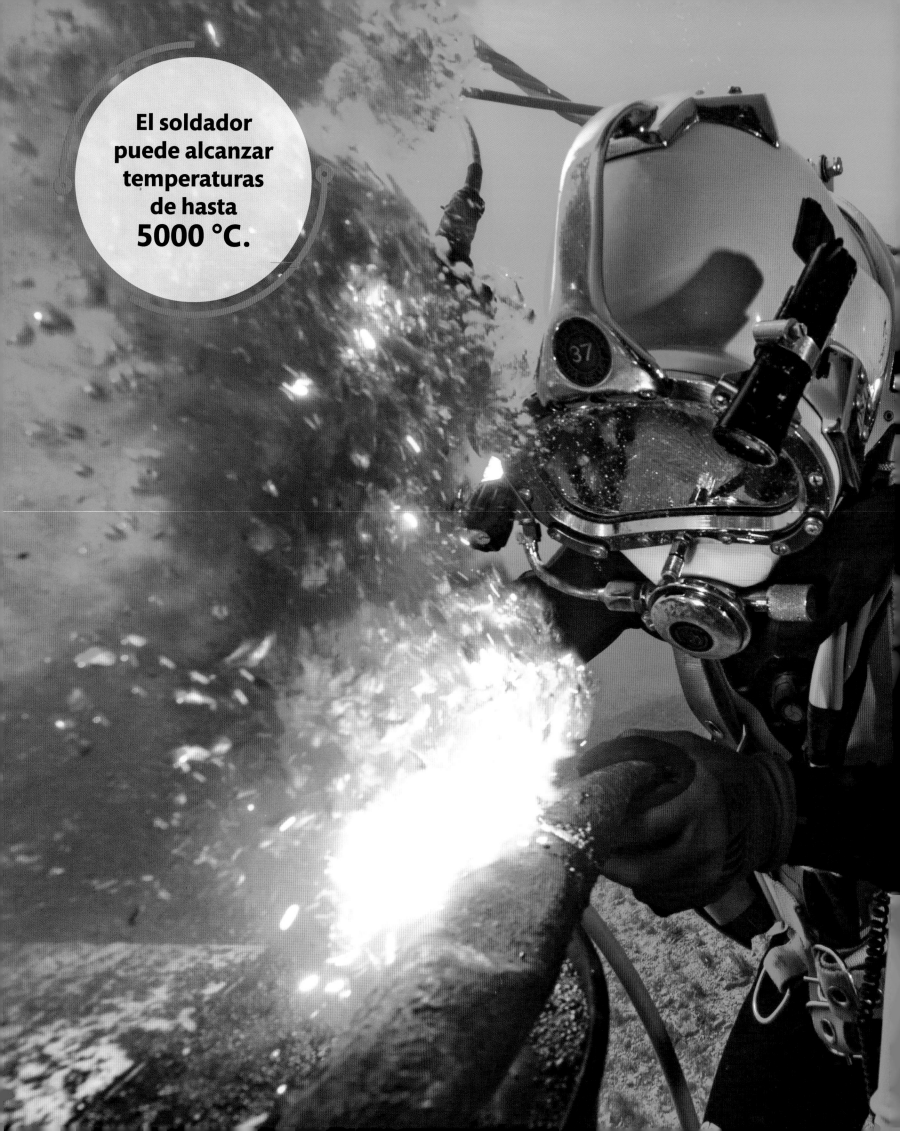

El soldador puede alcanzar temperaturas de hasta **5000 °C.**

Soldadura a presión

En esta imagen de una escuela de formación en el sur de Francia se puede ver cómo se forman burbujas en el agua cuando un estudiante de buceo comienza a cortar el metal. En realidad, el proceso de soldadura tiene lugar dentro de una burbuja gaseosa impermeable que se forma de manera natural alrededor de la herramienta del soldador.

REPARACIONES SUBMARINAS

SOLDADURA SUBACUÁTICA

Con la soldadura se unen metales fundiendo las dos partes separadas y haciendo que se fusionen al enfriarse. Tiene un papel importante en la construcción y, a veces, debe hacerse bajo el agua, por ejemplo, para reparar plataformas petrolíferas en alta mar o laspartes averiadas de un barco. La soldadura subacuática toma energía de su entorno, en lo que se conoce como proceso endotérmico. La seguridad es crucial ya que se utiliza energía eléctrica para fundir los metales.

CONDUCTORES

El agua es conductora de electricidad, y el agua salada lo es aún más. Así, se puede utilizar una solución de agua salada para cerrar un circuito. Como la soldadura subacuática se realiza a menudo en agua salada, las descargas eléctricas son un peligro importante.

ENDOTÉRMICO O EXOTÉRMICO

Las reacciones químicas, como otros procesos, pueden ser endotérmicas o exotérmicas. La soldadura con oxicombustible (en la imagen) es diferente a la soldadura bajo el agua y utiliza una llama caliente para fundir metales. Esto es un ejemplo de un proceso endotérmico, es decir, que absorbe calor. Cuando los metales se solidifican, emiten calor a su entorno. Esto es un proceso exotérmico.

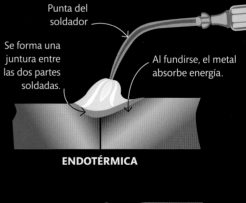

Punta del soldador

Se forma una juntura entre las dos partes soldadas.

Al fundirse, el metal absorbe energía.

ENDOTÉRMICA

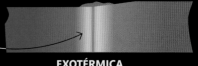

Al endurecerse, el metal emite energía.

EXOTÉRMICA

HERRAMIENTAS DE CORTE

TALADRO DE DIAMANTE

El diamante es una forma sólida de carbono, un elemento. Un elemento es una sustancia constituida por un solo tipo de átomo. Los diamantes naturales se formaron hace miles de millones de años, bajo altas presiones y temperaturas en las profundidades de la Tierra, pero hoy también se pueden fabricar de manera sintética. Aunque es más conocido como una piedra preciosa brillante, el diamante es el material natural más duro, una propiedad que le da una variedad de usos en la industria y la fabricación.

CORTAR DIAMANTES

Los diamantes siempre se han valorado como piedras preciosas. Las piedras en bruto se moldean y se cortan cuidadosamente para crear superficies llamadas «facetas». Cuando les da la luz, las facetas hacen que rebote y se divida en diferentes colores, creando un efecto brillante.

FORMAS DE CARBONO

Los átomos de carbono puro pueden unirse de diferentes formas. Las dos formas más conocidas son el diamante y el grafito, pero en 1985 se descubrió un tercer tipo, llamado buckminsterfullereno o futboleno. Sus distintas estructuras confieren a estas sustancias propiedades únicas. El grafito es blando y suele usarse para hacer lápices, mientras que el diamante es tan duro que puede cortar el cemento.

DIAMANTE	GRAFITO	BUCKMINSTERFULLERENO
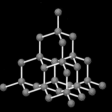	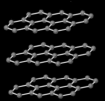	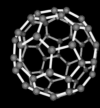
En un diamante, los átomos se agrupan en forma de una fuerte disposición piramidal.	En el grafito, los átomos están dispuestos en capas que se deslizan unas sobre otras.	En esta forma de carbono, hay 60 átomos dispuestos como una esfera.

Taladro de diamante
Debido a su dureza, el diamante se utiliza en muchas herramientas. En esta imagen, un taladro con punta de diamante pule bloques de metal. El diamante se añade también a las hojas de las sierras para cortar materiales duros, como el acero.

Es posible que **hace 6000 años** se usaran diamantes para pulir hachas prehistóricas.

Lídar

La tecnología lídar (medición y detección de luz) funciona reflejando los rayos láser de un objeto. Esto proporciona datos para que una computadora pueda construir un modelo en tres dimensiones del objetivo. Los coches autónomos utilizan lídar, entre otras herramientas, para navegar por su entorno.

Corte con láser

Se pueden utilizar rayos láser para cortar materiales. El haz estrecho y potente se dirige al material, lo que hace que este se caliente. El material se funde, se quema o se vaporiza, dejando un borde limpio.

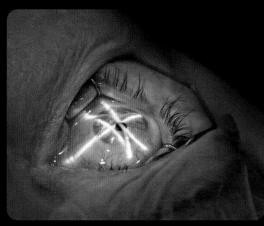

Cirugía de precisión

Los láseres tienen muchas aplicaciones quirúrgicas. En la cirugía ocular con láser, se utiliza un láser ultravioleta para eliminar una capa delgada del ojo y darle una nueva forma para que pueda enfocar mejor la luz.

Telescopios guiados por láser

La potencia y la precisión de los rayos láser significa que no se dispersan mucho. En el Very Large Telescope de Chile, los astrónomos utilizan láseres que ayudan a guiar a las computadoras a trazar el mapa del movimiento de las estrellas.

Un rayo láser emitido desde la Tierra se reflejó desde un panel que los astronautas dejaron en la Luna.

EL PODER DE LA LUZ

LÁSERES

En 1960, el científico estadounidense Theodore Maiman construyó un dispositivo que podía emitir un haz estrecho y potente de luz de un solo color: el primer láser del mundo. Su nombre significa «amplificación de luz por emisión estimulada de radiación». En un dispositivo láser, se suministra energía a un material. Esto hace que los átomos del material liberen energía en forma de ondas de luz que viajan como un rayo de luz directo. Las propiedades de la luz láser le otorgan muchas aplicaciones, por ejemplo en cirugía, telescopios y comunicaciones.

LUZ LÁSER

La luz es una forma de energía que viaja en forma de ondas (ver página 184). Las ondas de luz de la mayoría de las fuentes tienen una mezcla de distintas longitudes de onda y colores que no están en fase unas con otras. Por el contrario, las ondas de luz láser tienen longitudes de onda idénticas y viajan en perfecta sintonía entre sí. Esto hace que la luz láser sea muy intensa y que su energía pueda concentrarse fácilmente en objetos específicos.

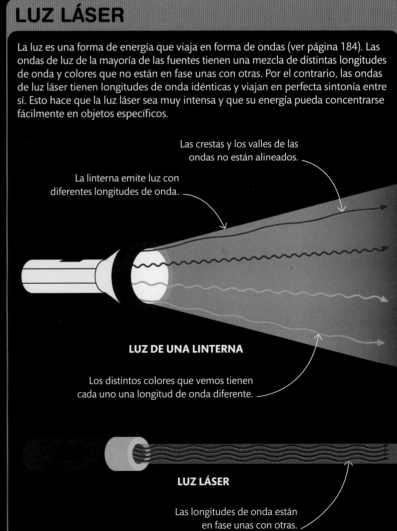

Las crestas y los valles de las ondas no están alineados.

La linterna emite luz con diferentes longitudes de onda.

LUZ DE UNA LINTERNA

Los distintos colores que vemos tienen cada uno una longitud de onda diferente.

LUZ LÁSER

Las longitudes de onda están en fase unas con otras.

Natural o sintético
Una rana dentro de una gota de agua sobre una hoja de loto en un estanque en Nepal. Las hojas de loto son conocidas por sus propiedades hidrófobas (repelentes al agua), que evitan que el agua penetre en ellas. Por el contrario, forma gotas esféricas en la superficie. La atracción entre las moléculas de agua de esas gotas son tan fuertes que pueden atrapar criaturas diminutas como esta rana. La superficie irregular del material artificial de la derecha ha sido diseñada para imitar la de la hoja de loto para que sea impermeable.

¡La hoja de loto también ha **inspirado** el diseño de **pintura** autolimpiable!

SUPERFICIE IRREGULAR
El agua no moja la hoja de loto porque la superficie de la hoja está cubierta de unas diminutas y puntiagudas estructuras y recubierta de ceras. La textura estriada reduce la superficie en contacto con el agua.

ESTAR SECO

MATERIALES QUE REPELEN EL AGUA

Los científicos a menudo se inspiran en la naturaleza para crear nuevos materiales. Muchos animales y plantas tienen características impermeables naturales que han tratado de copiar. Las ovejas segregan una sustancia llamada lanolina que evita que la lluvia las empape, y las hojas de loto tienen una capa cerosa y una estructura que las vuelve muy resistentes al agua. Imitando estas características, los científicos crean materiales repelentes al agua que actúan como una barrera: el agua se asienta sobre ellos debido a su tensión superficial natural.

SIEMPRE SECO

La ropa que usan los senderistas y montañistas se confecciona con materiales impermeables. Un material llamado Gore-Tex® es transpirable e impermeable. Está hecho de muchas capas y tiene pequeños orificios para dejar salir el vapor de agua, aunque no deja entrar gotas de agua líquida.

TENSIÓN SUPERFICIAL

El agua se asienta en forma de gotas sobre los materiales impermeables porque las partículas de agua se atraen más entre sí que el aire o la superficie del material. Como resultado, las gotas se encogen para formar una bola o esfera: una forma con la menor superficie posible. Esta propiedad del agua se llama «tensión superficial» y se puede ver en el rocío que queda en las hojas y en las gotas de lluvia en los cristales de las ventanas.

Las fuerzas que atraen las moléculas hacen que la gota de agua adopte forma esférica.

Las moléculas de agua se atraen con fuerza entre sí.

La gota se asienta sobre una superficie impermeable sin hundirse en ella.

ALTA VISIBILIDAD

MATERIALES REFLECTANTES

La ropa de alta visibilidad es esencial para los ciclistas y las personas con trabajos en los que la seguridad es muy importante, como la construcción. Estas ropas les permiten ser vistos con facilidad cuando está oscuro o si hay mucha actividad a su alrededor. La ropa de alta visibilidad está hecha con materiales retroflectivos (reflejan la luz directamente al lugar de donde procede), lo que hace que el objeto sea mucho más fácil de ver. Estos materiales también se utilizan para que las señales de tráfico sean fáciles de ver en la oscuridad.

REFLEXIÓN

La mayoría de los objetos dispersan la luz en todas las direcciones cuando esta incide sobre ellos, pero cuando la luz rebota en superficies brillantes o reflectantes, lo hace de manera predecible. La luz reflejada forma el mismo ángulo que la luz entrante o incidente.

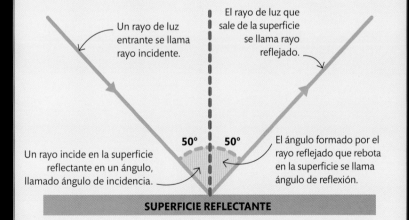

Un rayo de luz entrante se llama rayo incidente.

El rayo de luz que sale de la superficie se llama rayo reflejado.

Un rayo incide en la superficie reflectante en un ángulo, llamado ángulo de incidencia.

50° 50°

El ángulo formado por el rayo reflejado que rebota en la superficie se llama ángulo de reflexión.

SUPERFICIE REFLECTANTE

Retrorreflexión

Las superficies retrorreflectantes están cubiertas de pequeñas esferas de vidrio o prismas, que reflejan la luz en la misma dirección de donde proviene. Dirigen la luz con precisión hacia su origen, de forma que el objeto parece brillar intensamente.

El rayo reflejado regresa por el mismo camino que el rayo incidente.

Rayo incidente

SUPERFICIE RETRORREFLECTANTE

Los ojos de un gato parecen **brillar en la oscuridad** gracias a su capa retrorreflectante.

CINTA PRISMÁTICA

Un prisma óptico refracta o dobla la luz. La cinta prismática se vale de esta propiedad. Contiene una capa de pequeños prismas llamados «esquinas de cubo» que dirigen la luz de regreso a su fuente. Esta cinta se usa en vehículos y equipos, de modo que si una luz incide sobre ella, brilla intensamente.

Un baño frío

El buceador de profundidad turco Şahika Ercümen se pone el traje y se prepara para bucear entre dos icebergs cerca de la isla Galíndez, en la Antártida. Los trajes de buceo tienen diferentes grosores de neopreno para bucear en aguas de distintas temperaturas.

PROTEGIDO EN EL AGUA

TRAJES DE BUCEO

Un traje de neopreno de 7 mm de grosor protege en un agua a 10 °C de temperatura

Incluso en un día caluroso, el agua puede robar calor suficiente del cuerpo para causar hipotermia (descenso peligroso de la temperatura corporal). A diferencia de los animales marinos como las ballenas, con una capa de grasa que los mantiene calientes, nosotros necesitamos abrigarnos con un traje de buceo para conservar el calor en agua fría. Los trajes de buceo dejan entrar agua por el cuello, las mangas y las piernas, pero muy poco calor escapa de ellos, así la fina capa de agua y el cuerpo mantienen calientes durante más tiempo.

ABRIGO ESPONJOSO
Los animales que viven en entornos fríos y hostiles están equipados con su propio aislamiento. Los osos polares dependen de su grueso pelaje y su grasa para sobrevivir en el frío helado del Ártico, y las gruesas capas de un traje de buceo proporcionan un efecto aislante similar.

MATERIALES AISLANTES

El secreto de las propiedades aislantes de un traje de buceo es una capa de material llamado neopreno. El neopreno es una especie de goma sintética que se elabora en forma de espuma con muchas burbujas de aire en el interior, las cuales ralentizan la pérdida de calor. Una fina capa de agua también queda atrapada entre el traje y el cuerpo, la cual se calienta con el calor corporal del buceador. Juntas, la capa de agua tibia y la capa de neopreno ayudan a mantener al buceador caliente en el agua fría.

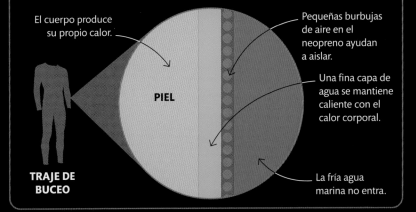

El cuerpo produce su propio calor.

PIEL

TRAJE DE BUCEO

Pequeñas burbujas de aire en el neopreno ayudan a aislar.

Una fina capa de agua se mantiene caliente con el calor corporal.

La fría agua marina no entra.

SOPLADO DE VIDRIO

Para soplar vidrio se usa un tubo largo por el que se sopla aire en el vidrio ablandado y caliente y se forma así una burbuja, que luego se puede moldear, como se ve en la imagen. Hoy aún se fabrican piezas de laboratorio y artículos decorativos caros, como jarrones, utilizando esta técnica.

Añadir **sales de oro** al vidrio fundido le confiere un rico **color rojo rubí.**

Nuevo a partir de lo viejo

En esta fábrica de Italia, masas de vidrio usado, extremadamente calientes, se transforman en botellas nuevas. Las máquinas mezclan trozos de vidrio triturado con otras materias primas y los calientan a más de 1500 °C. El vidrio es infinitamente reciclable, por lo que este proceso se puede repetir muchas veces.

SÓLIDO TRANSPARENTE

FABRICAR VIDRIO

Hace más de 6000 años que fabricamos objetos de vidrio. La arena es uno de los materiales principales usados para fabricarlo. El vidrio tiene propiedades muy útiles: es duro si está frío pero se moldea fácilmente cuando se calienta, no reacciona con muchos productos químicos y es transparente. Como resultado, el vidrio se puede usar para fabricar una gran variedad de objetos, como botellas, equipo de laboratorio, parabrisas de automóviles e incluso pantallas de ordenador.

TRANSPARENCIA

Vemos los objetos cuando la luz rebota o se refleja en nuestros ojos. La mayor parte del vidrio es transparente, lo que significa que la luz visible pasa a través de él y nos permite ver cosas del otro lado. El vidrio esmerilado es translúcido y solo deja pasar un poco de luz. Los materiales opacos no dejan pasar la luz.

TRANSPARENTE

Los materiales transparentes, como el vidrio, dejan pasar casi toda la luz. Solo reflejan un poco, por eso vemos la superficie del vidrio.

TRANSLÚCIDO

Los materiales translúcidos, como el vidrio esmerilado, bloquean algo de luz. La luz que pasa se dispersa en las pequeñas hendiduras de la superficie del vidrio.

OPACO

Los objetos opacos, como la madera o el metal, reflejan o absorben toda la luz que incide sobre ellos.

REDUCIR PLÁSTICOS
MATERIALES BIODEGRADABLES

Se estima que en 2017 se compraron un **millón** de botellas de plástico por **minuto**.

Los plásticos tienen muchas propiedades útiles: son baratos de fabricar, livianos y resistentes. Pero su durabilidad es un problema cuando hay que deshacerse de ellos. Tienden a romperse en fragmentos pequeños y contaminan el medio ambiente durante décadas o más. Los científicos están desarrollando plásticos biodegradables que puedan descomponerse fácilmente mediante la acción de microbios como hongos y bacterias, así como nuevos materiales alternativos.

UN GRAN PROBLEMA
Aunque el plástico se puede reciclar, se estima que solo se recicla el 9 %. Un 12 % se incinera y el 79 % se deposita en vertederos o termina en el océano. Más de 7,2 millones de toneladas de plástico van a parar al océano cada año, lo que contamina el medio marino.

RECICLAR LOS PLÁSTICOS

Hay muchos tipos diferentes de plástico. Algunos son más fáciles de reciclar que otros, por lo que es importante conocer la diferencia para saber desecharlos correctamente. Lo mejor es evitar el uso de plásticos siempre que se pueda, por ejemplo, beber de una botella de agua reutilizable y usar pajitas y vasos de papel.

FÁCIL DE RECICLAR

El tereftalato de polietileno (PET) es el plástico que se utiliza para fabricar la mayoría de las botellas de plástico.

El polietileno de alta densidad (HDPE) es el plástico resistente de los frascos y las botellas de champú.

MÁS DIFÍCIL DE RECICLAR

El poliestireno es liviano y se puede utilizar para hacer vasos y materiales de embalaje.

El polietileno de baja densidad (LDPE) es muy suave y flexible y se usa a menudo en bolsas de plástico.

Plantas bajo plástico
Estas plantas de maíz se mantienen calientes y húmedas al crecer bajo plástico biodegradable en una granja en Gales, Reino Unido. Con el tiempo, el plástico se descompone de forma natural y sus restos, inocuos, son consumidos por los microorganismos del suelo.

Botellas compostables
Una fábrica de Francia utiliza plástico compostable hecho de caña de azúcar para crear estas botellas de plástico. Se descompondrán en forma de agua, dióxido de carbono y humus, un ingrediente del suelo.

Vasos comestibles
Los vasos de plástico de un solo uso son una gran fuente de desechos plásticos. Una solución es producirlos con materiales que se puedan comer. En 2016, la marca indonesia Evoware usó algas marinas para producir vasos comestibles coloridos, llamados Ello Jello.

Bolsas de yute
El yute es una fibra a base de plantas con la que se pueden tejer materiales como la arpillera. A diferencia del algodón, el yute se puede cultivar con poco más que agua de lluvia, y casi no requiere fertilizantes ni pesticidas, lo que lo convierte en una opción más respetuosa con el medio ambiente.

TRANSFORMAR RESIDUOS

RECICLAJE DE ALUMINIO

El aluminio es uno de los materiales más reciclados y valiosos de nuestros contenedores de reciclaje. Lo que hace tan útil este metal son sus propiedades físicas, que permiten moldearlo fácilmente. Los productos de aluminio se pueden recolectar, fundir y convertir en otros nuevos. El reciclaje de aluminio de productos, como latas viejas, papel de aluminio e incluso piezas de automóviles viejas, utiliza casi un 95 % menos de energía que la fabricación de aluminio a partir de su mineral en bruto.

PRODUCTOS RECICLADOS

Más de dos tercios de las latas de bebidas en Estados Unidos y Europa están hechas de aluminio reciclado. Cada año, más de 40 000 millones de latas se reciclan en Estados Unidos, y alrededor de 31 000 millones de latas se reciclan en Europa.

PROPIEDADES DEL ALUMINIO

El aluminio pertenece a un grupo de materiales llamados metales, los cuales tienen todos propiedades similares. Como los demás metales, el aluminio permite que el calor y la electricidad lo atraviesen con facilidad. Como la mayoría de los metales, el aluminio es fuerte y tiene una superficie plateada brillante. Sin embargo, a diferencia de muchos metales, el aluminio no se corroe fácilmente.

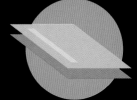
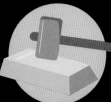

Ductilidad

Se puede estirar hasta formar cables sin que se rompa ni pierda su resistencia.

Maleabilidad

Su maleabilidad permite darle formas distintas, como por ejemplo hacer láminas.

Fuerza

El aluminio es fuerte y duradero y puede resistir mucha fuerza sin romperse.

1 Clasificación

Las latas de aluminio se recogen y se llevan a la planta de reciclaje, donde se revisan para asegurarse de que entre ellas no hay nada más, como piezas de acero, plástico o papel.

2 Prensado y embalaje

Las latas ocupan mucho espacio, por lo que una vez clasificadas, se prensan. Este proceso compacta las latas hasta una fracción de su volumen original y las hace más fáciles de mover y almacenar.

3 Fundido

A continuación, las latas prensadas se trituran y se les quita la tinta mediante un chorro de aire caliente a la temperatura abrasadora de 500 °C. Los trozos se funden en un horno a 750 °C, se vierten en moldes y se enfrían con agua.

Un solo lingote puede medir 15 m y contener suficiente metal para fabricar 1,5 millones de latas.

4 Preparando lingotes

El aluminio enfriado se moldea en bloques llamados lingotes, en la imagen almacenados en grandes pilas. Los lingotes se pueden calentar y enrollar en finas láminas que se usan para fabricar latas nuevas y otros productos.

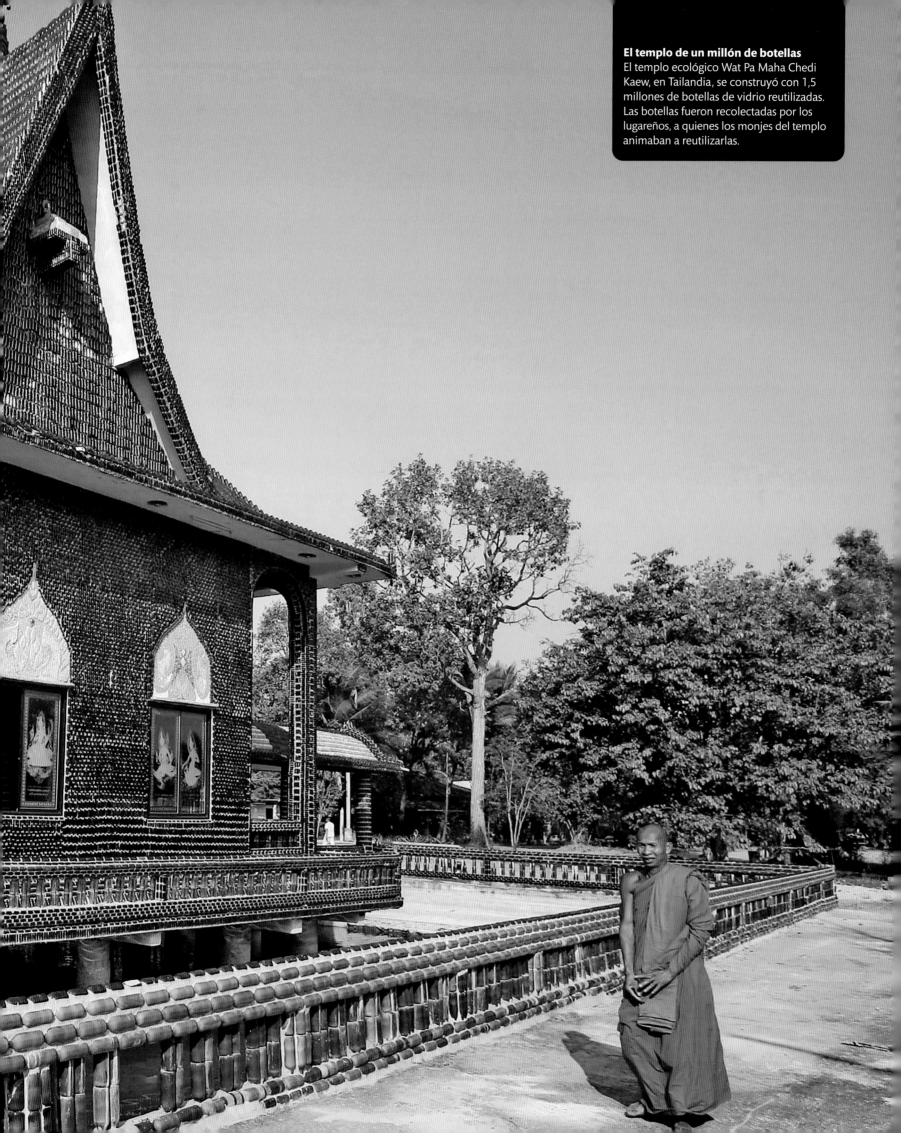

El templo de un millón de botellas
El templo ecológico Wat Pa Maha Chedi Kaew, en Tailandia, se construyó con 1,5 millones de botellas de vidrio reutilizadas. Las botellas fueron recolectadas por los lugareños, a quienes los monjes del templo animaban a reutilizarlas.

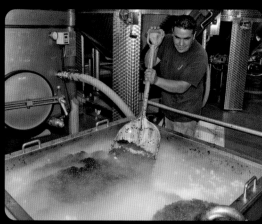

Conservar alimentos y medicinas

El hielo seco se usa a menudo para mantener los alimentos congelados cuando se transportan a largas distancias y para conservar los medicamentos a la temperatura adecuada. Al descongelarse, se convierte en dióxido de carbono gaseoso, lo que mantiene alejados el moho, los insectos y otras plagas.

Crear niebla

Las nubes de humo que se usan para crear efectos en conciertos y teatros se producen mediante máquinas de humo. En estas máquinas, se introducen trozos de hielo seco en agua caliente o hirviendo. El hielo seco convierte el agua que se evapora en niebla, que luego se mueve con ventiladores.

Limpieza criogénica

Los gránulos de hielo seco se pueden disparar en las superficies para limpiarlas. Al impactar, limpian la superficie de suciedad e impurezas y después se convierten en gas sin dejar residuos.

REFRIGERANTE

HIELO SECO

El gas de dióxido de carbono congelado se llama hielo seco porque no se convierte en líquido cuando se calienta, sino que se transforma directamente en gas en un proceso de sublimación. El hielo seco está muy frío, a una temperatura de –78,5 °C. Esta propiedad lo hace muy útil para refrigerar cosas, sobre todo en el almacenamiento y envío de alimentos, medicinas y otros suministros que se estropean fácilmente. Cuando se convierte en gas, el hielo seco se puede usar para enfriar objetos sin mojarlos y también se utiliza para crear divertidos efectos especiales.

El hielo seco debe tocarse con guantes aislantes para evitar sufrir congelación o quemaduras.

Refrigerar la cabina de un coche

Los coches de Fórmula 1 tienen potentes motores que producen mucho calor. Durante una carrera, el aire enfría el automóvil en movimiento, pero si el motor está encendido mientras el automóvil no está en movimiento, la cabina se calienta mucho para el conductor. A veces se usa hielo seco para enfriar la cabina. En la imagen, se bombea dióxido de carbono frío sublimado del hielo seco en la cabina del piloto británico Jenson Button en el Gran Premio de Singapur de 2011.

PROPIEDADES DE LOS GASES

Los gases, los líquidos y los sólidos son los tres estados diferentes de la materia (ver página 25). Cada estado tiene propiedades distintas. En los gases, las moléculas están muy separadas y se mueven libremente. Los gases también son muy sensibles a la presión y la temperatura. Un gas como el dióxido de carbono puede convertirse en hielo seco sólido cuando se le aplica alta presión, reduciendo el espacio entre las moléculas de gas y apretándolas firmemente.

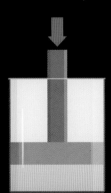

Fácil de comprimir
Las moléculas de un gas se mueven rápidamente en todas las direcciones. Se las puede forzar a entrar en un espacio más pequeño.

Expandirse hasta llenar el espacio
Las moléculas están dispuestas al azar y se expandirán para llenar cualquier espacio en el que se encuentren.

Partículas que se mueven libremente
Las moléculas de un gas tienen mayor energía que las de un líquido o un sólido y se mueven libremente.

Capa de tinta negra

El espaciado y el tamaño de los puntos amarillos varían para producir un color más intenso o más pálido.

El magenta puro es rojo violáceo. El magenta mezclado con amarillo produce rojo.

El cian mezclado con magenta produce azul. El cian es en realidad un color azul verdoso.

Mediante el uso de diferentes cantidades de cian, magenta, amarillo y negro, se puede crear cualquier color.

CREAR COLOR

IMPRIMIR

Nuestros ojos ven colores cuando entra en ellos luz de diferentes longitudes de onda. Al imprimir en color, las impresoras utilizan cuatro tintas: cian, magenta, amarilla y negra (CMYK por sus iniciales inglesas). Se puede reproducir cualquier color mezclándolas. Cada imagen en color de este libro se compone de pequeños puntos impresos de cada uno de estos colores. En la pantalla de un ordenador o televisor, en cambio, las imágenes coloreadas se producen mezclando el rojo, el verde y el azul.

Proceso de cuatro colores
Al imprimir, se producen cuatro capas de la misma imagen, una para cada uno de los cuatro colores CMYK. Al juntar las cuatro, se crea una imagen bella y vívida, como esta fotografía de corales y peces en el mar Rojo.

Esta imagen está formada por pequeños puntos de cada color CMYK.

MEZCLA DE COLORES

Las imágenes en color en papel se obtienen mezclando pinturas o tintas de impresión. A esto se le llama mezcla sustractiva. Cuando la luz alcanza objetos de un color, el objeto absorbe (o sustrae) un color específico de esa luz y los otros colores se reflejan de vuelta hacia nosotros. La mezcla de esos colores da como resultado el color final que vemos. Los dispositivos electrónicos, sin embargo, producen el color mezclando la luz y usan la mezcla aditiva, en la que la luz roja, azul y verde se suman para producir diferentes colores.

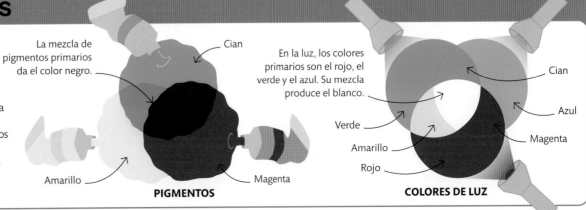

La mezcla de pigmentos primarios da el color negro.

Cian

Amarillo

Magenta

PIGMENTOS

En la luz, los colores primarios son el rojo, el verde y el azul. Su mezcla produce el blanco.

Cian

Azul

Magenta

Verde

Amarillo

Rojo

COLORES DE LUZ

VIAJAR Y CONECTAR

El mundo se ha ido haciendo cada vez más pequeño al poder viajar más lejos y más rápido con la ayuda de la ciencia. Exploramos el mundo digital a través de internet y viajamos por el mundo real en coches eléctricos silenciosos o en ultrarrápidos trenes de levitación magnética. Los cohetes y los róveres nos llevan todavía más lejos y nos dan información de otros planetas.

Carreras eléctricas
El SUV eléctrico ODYSSEY 21 compite en carreras Extreme E, un nuevo deporte de motor, iniciado en 2021, en que vehículos eléctricos todoterreno corren para concienciar sobre el cambio climático.

LIMPIO Y RÁPIDO

COCHES ELÉCTRICOS

En lugar de funcionar mediante un tanque lleno de gasolina o diésel, los automóviles eléctricos obtienen energía tomando electricidad de la red (ver páginas 34–35). Almacenan la electricidad en grandes baterías recargables que alimentan un motor eléctrico. Los coches eléctricos no emiten gases de escape ni gases de efecto invernadero nocivos (ver página 156), los cuales contribuyen al calentamiento global.

BUGGY LUNAR

El astronauta estadounidense Eugene A. Cernan condujo un vehículo itinerante lunar o «*buggy* lunar» en la Luna en 1972. Este vehículo eléctrico funcionaba con dos baterías no recargables y podía recorrer 35,9 km en 4 horas y 26 minutos.

El ODYSSEY 21 puede acelerar de **0 a 100** km/h en **4,5** segundos.

BATERÍAS

Las baterías tienen un extremo (polo) positivo (+) y otro negativo (-). Cuando los dos terminales se unen en un circuito, una reacción química dentro de la batería envía una corriente eléctrica (ver página 177) por el circuito, alimentando los dispositivos conectados.

Un circuito es un bucle de cable a través del cual fluye la electricidad.

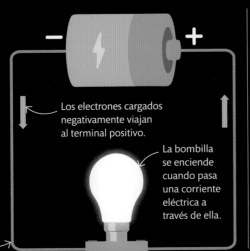

Los electrones cargados negativamente viajan al terminal positivo.

La bombilla se enciende cuando pasa una corriente eléctrica a través de ella.

Cómo funcionan los coches eléctricos

Los coches eléctricos no tienen muchas de las partes de las que se componen los vehículos tradicionales, como depósitos de combustible o motores. En cambio, tienen un motor eléctrico alimentado por grandes conjuntos de baterías. El motor convierte la energía eléctrica en energía mecánica, que hace girar las ruedas.

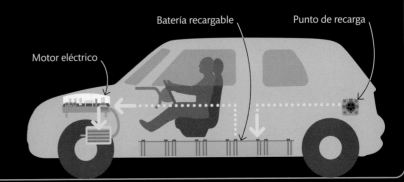

Batería recargable

Punto de recarga

Motor eléctrico

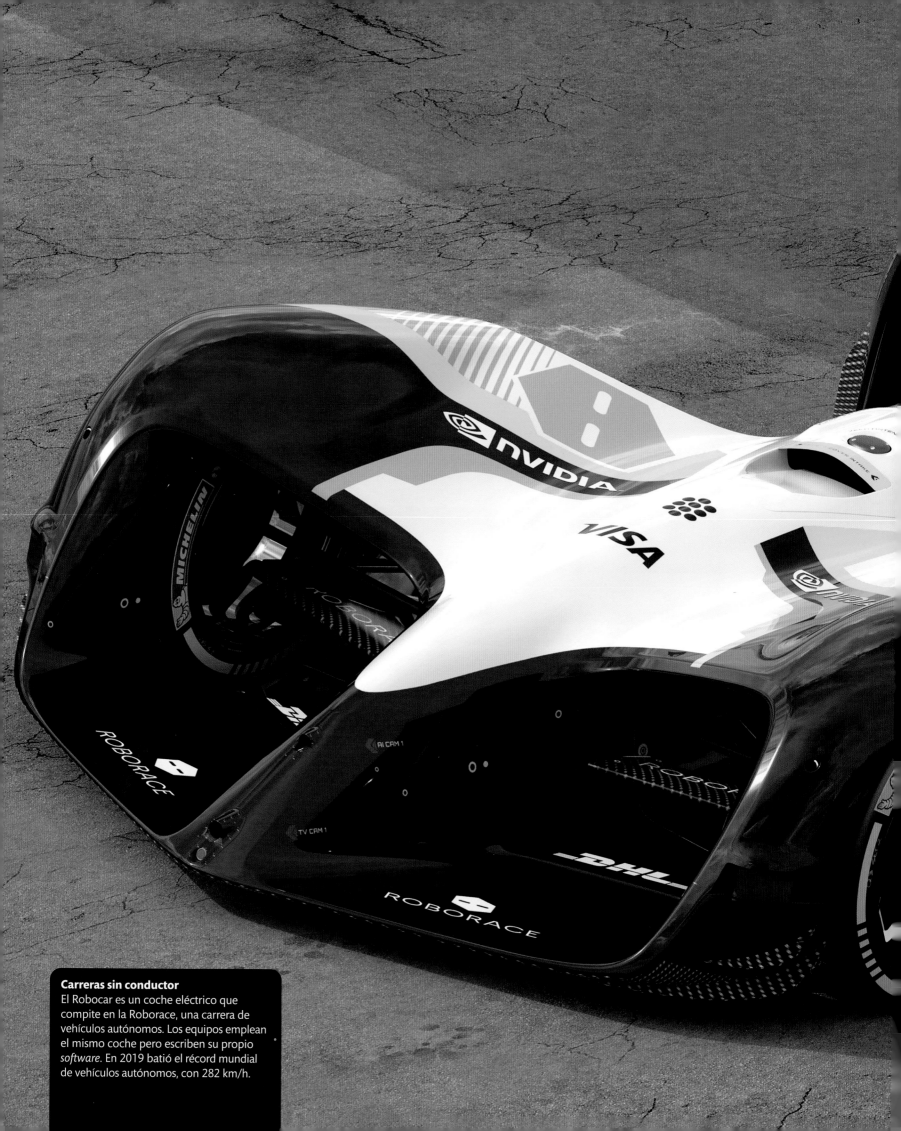

Carreras sin conductor
El Robocar es un coche eléctrico que
compite en la Roborace, una carrera de
vehículos autónomos. Los equipos emplean
el mismo coche pero escriben su propio
software. En 2019 batió el récord mundial
de vehículos autónomos, con 282 km/h.

VIAJAR DEPRISA
TRENES MAGLEV

Los trenes de levitación magnética (maglev) no tienen motor ni ruedas. Se valen de potentes imanes para flotar sobre la vía, mientras que otros imanes en la vía los empujan hacia delante. La ausencia de fricción entre el tren y la vía permite que el tren acelere rápidamente. El tren y las vías sufren menos desgaste y, por tanto, necesitan poco mantenimiento en comparación con los trenes convencionales.

El maglev de Shanghái es el **tren más rápido del mundo, con una velocidad máxima de 430 km/h.**

Flotando en el aire

La mayoría de los trenes de levitación magnética utilizan tipos especiales de imanes llamados electroimanes para levitar. Estos se encuentran en los laterales y en la parte inferior del tren y repelen a otros electroimanes situados en los raíles. Para propulsar el tren, se pasa una corriente eléctrica a través de bobinas hasta los raíles. Esto crea un campo magnético cambiante, de modo que los imanes del tren son constantemente repelidos y atraídos, causando un movimiento hacia delante.

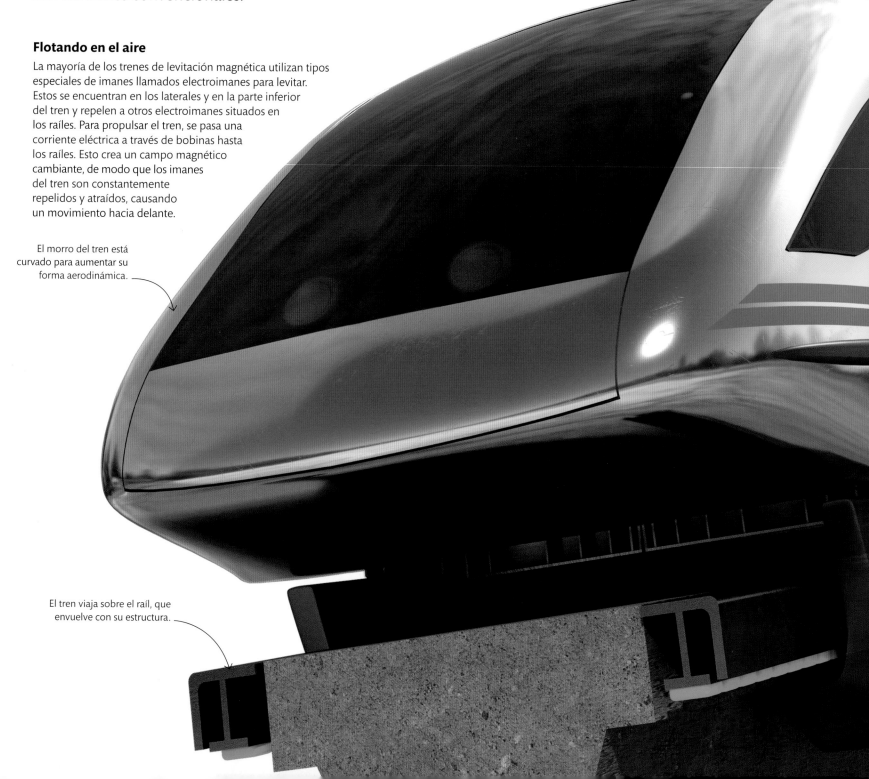

El morro del tren está curvado para aumentar su forma aerodinámica.

El tren viaja sobre el raíl, que envuelve con su estructura.

IMANES

Los imanes son objetos que atraen a otros imanes o a cosas que contienen hierro u otros metales magnéticos, como el níquel y el cobalto. Un imán tiene dos extremos, llamados polo norte y polo sur. Cuando los polos opuestos de un imán se acercan, se atraen. Cuando polos iguales se acercan, se repelen. El área alrededor de un imán, en la que se ejercen fuerzas magnéticas, se denomina campo magnético.

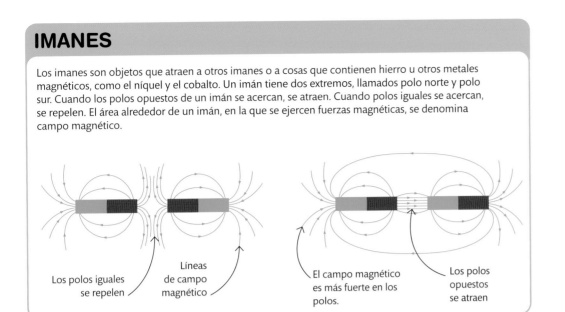

Los polos iguales se repelen

Líneas de campo magnético

El campo magnético es más fuerte en los polos.

Los polos opuestos se atraen

ELECTROIMANES

Un electroimán se crea al pasar la electricidad por un cable, normalmente enrollado alrededor de un núcleo de hierro, lo que produce un campo magnético. Para levantar objetos pesados, como chatarra, se utilizan enormes electroimanes.

PRIMER PLANO DEL MECANISMO DEL TREN

El raíl contiene bobinas que producen un campo magnético cambiante.

Los imanes en la parte inferior del tren repelen a los imanes en el raíl, lo que hace que el tren levite.

Los imanes en los laterales del tren son a su vez repelidos y atraídos por el campo magnético del raíl, lo que hace que el tren se mueva.

Los lados del tren envuelven el raíl.

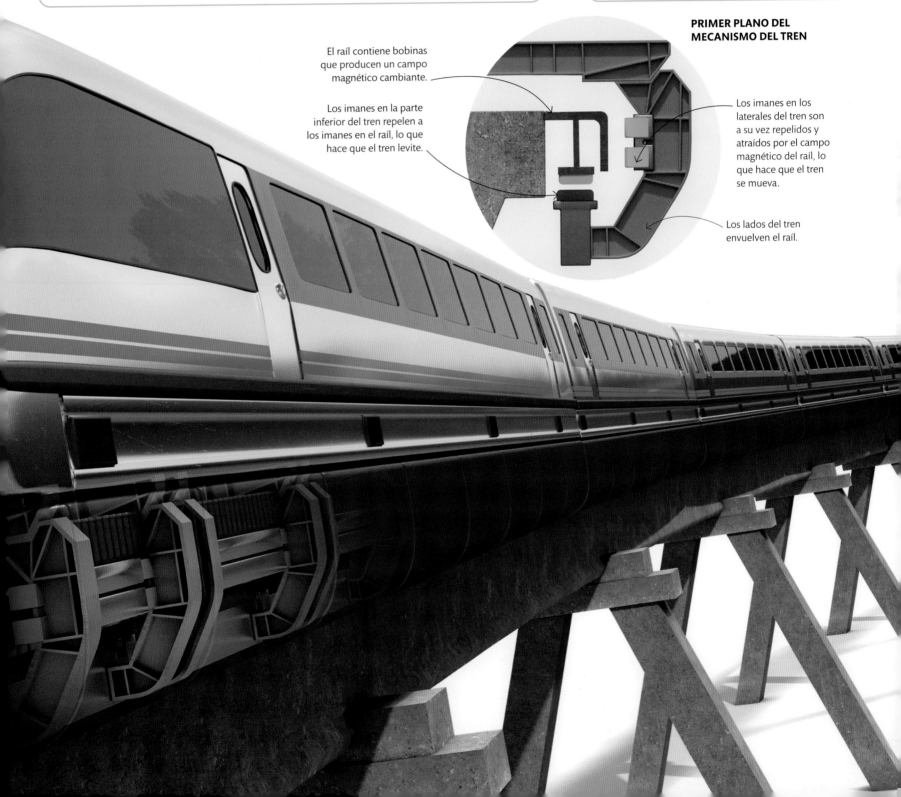

EN EL AIRE

GLOBOS AEROSTÁTICOS

A diferencia de los veloces aviones, los globos aerostáticos flotan lentamente por el cielo. Los hermanos franceses Joseph-Michel y Jacques-Étienne Montgolfier realizaron el primer vuelo en globo en 1793, con un globo de seda y papel. Los globos actuales están hechos de materiales como nailon o poliéster, con un faldón a prueba de fuego en la parte inferior para más seguridad. Se llenan de aire caliente mediante un quemador. A medida que el aire se calienta, las partículas se mueven más deprisa y ocupan más espacio, lo que provoca que el aire de dentro sea menos denso que el aire más frío de fuera. Esto genera una fuerza llamada «fuerza ascensional» que hace que el globo se eleve en el cielo.

DIRIGIBLES

Los dirigibles, como este en Alemania, están llenos de helio. Como el aire caliente, el helio es menos denso que el aire que lo rodea. Los dirigibles tienen hélices y timones que los dirigen a través del aire, mientras que un globo aerostático vuela en cualquier dirección en la que sople el viento.

FUERZA ASCENSIONAL

Una fuerza hacia arriba, llamada fuerza ascensional, eleva un globo de aire caliente. La fuerza ascensional se produce por la presión del aire, que empuja en todas las direcciones pero es más fuerte debajo del globo que sobre él.

2. El aire del globo se calienta y se vuelve menos denso que el aire del exterior.

FUERZA ASCENSIONAL

3. La presión del aire que empuja desde la parte inferior del globo produce la fuerza ascensional.

1. Los quemadores producen una llama que calienta el aire del globo.

PESO

4. El globo flota cuando su peso es menor o igual que el empuje hacia arriba.

El globo de pasajeros más grande tiene **40 m** de altura y puede transportar a **32 personas** a la vez.

CONTROL DE VUELO
Globos aerostáticos flotan sobre
el paisaje turco al amanecer.
Los globos aerostáticos a menudo
despegan al amanecer o al
atardecer, porque la temperatura
del aire es entonces más fría, lo
que facilita el despegue.

Preparándose para volar
El globo de la imagen se está llenando de aire caliente
mientras se prepara para volar en Capadocia, Turquía.
Los cilindros, que contienen un gas llamado propano,
están unidos a propulsores que apuntan hacia el
interior del globo. Cuando el gas se quema, genera
mucho calor, llenando el globo de aire caliente
para elevarlo del suelo.

Los motores impulsan los propulsores.

En 2020, varios drones llevaron test de coronavirus a **2500 clínicas** en Ruanda y Ghana.

Una parte llamada «controlador de vuelo» recibe señales del suelo y controla el movimiento del dron.

Una cámara ayuda a la persona que lo controla a ver hacia dónde se dirige.

GLOBE

Cargamento de suministros médicos

AYUDANTES AÉREOS
DRONES

Los drones son vehículos aéreos que pueden despegar, volar o aterrizar en cualquier lugar sin necesidad de un piloto humano. Al principio se diseñaron como caros vehículos militares, pero hoy su tecnología es mucho más asequible y se les da muchos usos. Por ejemplo regar cultivos, controlar las operaciones de rescate y llevar suministros esenciales. Uno de los más populares es el quadcopter, que se eleva mediante cuatro juegos de hélices.

Medicina aérea

Los drones se pueden usar para transportar suministros médicos de emergencia, como sangre, órganos y equipos de protección personal (EPP). A diferencia de los vehículos terrestres, los drones no necesitan carreteras ni vías férreas para llegar a sus destinos. Esto los hace ideales para realizar entregas en lugares de difícil acceso, como zonas de desastres.

Cada conjunto de propulsores hacen que el dron se eleve.

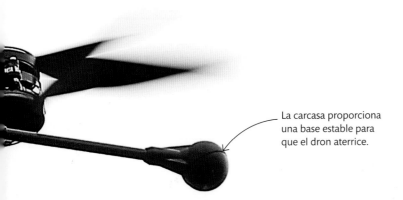

La carcasa proporciona una base estable para que el dron aterrice.

Combatir incendios

Se pueden utilizar drones equipados con cámaras de alta resolución y otros sensores para vigilar la propagación de incendios forestales, lo que ayuda a los bomberos a planificar cómo abordar y extinguir las llamas. Su pequeño tamaño les permite llegar a lugares de difícil acceso para los aviones.

Ayuda a la agricultura

Los agricultores usan drones para tareas como sembrar semillas, rociar fertilizantes o monitorear el crecimiento y la salud de los cultivos. La vista desde un dron puede revelar problemas que no son obvios desde el suelo y ayudar a los agricultores a recopilar información sobre grandes áreas.

Encendiendo el cielo

Los drones equipados con luces pueden realizar espectaculares exhibiciones aéreas. Se pueden programar varios drones con rutas de vuelo únicas y otras instrucciones, como cuándo apagarse y encenderse. Cada dron forma parte de una brillante imagen 3D en el cielo nocturno.

FUERZAS DE VUELO

Cuatro fuerzas actúan sobre una máquina voladora: el empuje y el arrastre (o resistencia del aire) actúan horizontalmente y la gravedad y la fuerza de sustentación actúan verticalmente. En un dron cuadricóptero, cuatro rotores proporcionan la sustentación y el empuje. Cuando los rotores del dron producen sustentación suficiente para contrarrestar la gravedad, el dron se eleva. El operador del dron controla su vuelo ajustando a distancia la velocidad de los rotores.

SUSTENTACIÓN

Cuando está inmóvil en el aire, la fuerza de elevación es igual a su peso.

Los rotores generan empuje y sustentación.

ARRASTRE

EMPUJE

La resistencia del aire aumenta con la velocidad.

GRAVEDAD

La gravedad tira del dron hacia la Tierra y le da peso.

GANAR SEGUNDOS

TÚNELES DE VIENTO

Una bicicleta empuja el aire a medida que avanza, pero esto le resulta más difícil a medida que aumenta su velocidad. El estudio de cómo fluye el aire alrededor de un objeto se llama aerodinámica y ayuda a encontrar formas de hacer que los vehículos opongan menos resistencia al aire para que puedan atravesarlo con más facilidad. Se emplean túneles de viento para probar la aerodinámica de bicicletas, automóviles, aviones, naves espaciales y equipos deportivos. En un túnel de viento, unos potentes ventiladores soplan aire hacia los vehículos y se agrega humo para ver cómo fluye a su alrededor.

ALAS DE AVIONES

Los diseñadores de aviones utilizan la aerodinámica para diseñar alas en las que el aire fluya más rápido por encima que por debajo de ellas. Eso implica que la presión del aire es más alta debajo del ala: se produce una fuerza ascendente de sustentación que permite que el avión despegue y se sostenga.

RESISTENCIA AL AIRE

Un objeto que se mueve en el exterior experimenta la resistencia al aire. Es una fuerza que actúa contra la dirección del movimiento. Minimizar esta resistencia facilita la aceleración de dicho objeto. Cuando un ciclista se inclina hacia delante, la forma curva de su cuerpo permite que el aire fluya a su alrededor con mayor facilidad. Esto reduce la resistencia del aire y favorece la aceleración del ciclista.

El casco en forma de lágrima y la ropa ajustada reducen la resistencia al aire.

Cuanto más recta sea la trayectoria del aire alrededor de la bicicleta, más fácil será para la bicicleta viajar a través de él.

La rueda maciza permite que el aire fluya a su alrededor más fácilmente.

30,1 km

T: 22,3 °C

Beta: 0,0 Gr

El **túnel de viento más grande,** construido por la NASA, tiene más de 427 m de largo.

Medir la aerodinámica

Prueba aerodinámica en un túnel de viento de Mercedes-Benz en Sindelfingen, Alemania. A los ciclistas de carreras les interesa alcanzar altas velocidades, así que la bicicleta necesita atravesar el aire lo más fácilmente posible.

Proteger a la tripulación

El módulo de la nave espacial Orión tiene un escudo térmico de un material llamado AVCOAT, que se desintegra en forma de plasma caliente al entrar en la atmósfera de la Tierra. Debajo hay una capa de fibra de carbono y una fuerte estructura de titanio que sostiene el fuselaje de la nave.

REGRESAR A LA TIERRA

ESCUDOS DE CALOR

Los vehículos espaciales que regresan a la atmósfera viajan a velocidades increíblemente altas. Se necesita energía para empujar el aire, la cual se convierte en calor. La temperatura de la nave espacial puede llegar a los 2800 °C. Para proteger a los astronautas en el interior, la nave espacial está diseñada con un escudo térmico especial que se desintegra para formar un gas caliente llamado plasma, que se lleva el calor. El plasma está tan caliente que brilla con una luz amarilla brillante.

ESTRELLAS FUGACES

Los meteoritos, o estrellas fugaces, aparecen cuando fragmentos de roca del espacio atraviesan la atmósfera de la Tierra a gran velocidad. Su paso a través del aire genera calor, el cual desintegra las rocas, creando una franja de plasma brillante en el cielo.

PLASMA

El plasma está formado por átomos de gas (ver página 177) tan energizados que pierden sus electrones cargados negativamente. Luego forman partículas llamadas iones, que tienen una carga positiva. El plasma se encuentra por todo el universo, por ejemplo en el fuego, en los rayos y en la superficie del Sol.

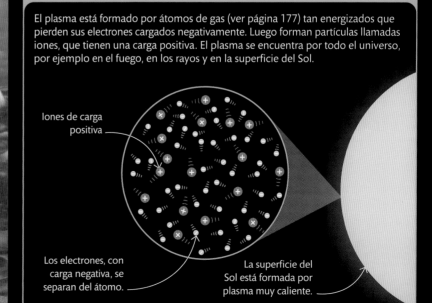

Iones de carga positiva

Los electrones, con carga negativa, se separan del átomo.

La superficie del Sol está formada por plasma muy caliente.

El módulo puede llevar 4 astronautas y todo lo necesario para vivir durante 21 días.

MISIONES ESPACIALES

El cohete Proton-M puso en órbita dos satélites de comunicaciones el 31 de julio de 2020. Los cohetes también transportan astronautas y suministros a la Estación Espacial Internacional (ISS) y a otros planetas, e incluso pueden llevar piezas grandes de la propia ISS.

Al despegar, el cohete pesaba **700 toneladas.** Más de tres cuartas partes eran de combustible.

VOLAR HACIA EL ESPACIO

COHETES

Para escapar de la atmósfera terrestre y ponerse en órbita, un cohete espacial debe alcanzar velocidades superiores a los 25 000 km/h. La gran fuerza necesaria para hacer que un cohete alcance esa velocidad la proporcionan unos motores extremadamente potentes. Estos generan empuje al producir grandes cantidades de gas caliente en reacciones químicas muy rápidas. El empuje supera la fuerza del peso del cohete, de manera que este puede despegar hacia el espacio.

SUPERVELOCIDAD

El *Bloodhound* puede alcanzar más de 1000 km/h gracias a su enorme motor de reacción. Se espera que algún día rompa el récord de velocidad en tierra. Los motores de reacción son similares a los de los cohetes, pero queman combustible utilizando oxígeno del aire.

FUERZAS EN DESEQUILIBRIO

Antes del lanzamiento de un cohete, las fuerzas que actúan sobre él están equilibradas: la fuerza hacia arriba (producida por la plataforma de lanzamiento) es igual a la fuerza hacia abajo (el peso del cohete). Para que despegue, el empuje del cohete debe ser mayor que su peso.

El empuje de los motores es mayor que el peso del cohete, por lo que acelera el cohete hacia arriba.

EMPUJE

El peso del cohete se reduce al gastarse el combustible.

PESO

La superficie de la plataforma produce una fuerza ascendente llamada «reacción».

El peso del cohete empuja sobre la plataforma.

PESO

REACCIÓN

Despegue

Un cohete Proton-M despega del cosmódromo de Baikonur, en Rusia. Las rápidas reacciones químicas entre su combustible y otra sustancia, llamada oxidante, producen gases de escape en expansión que salen a través de sus toberas.

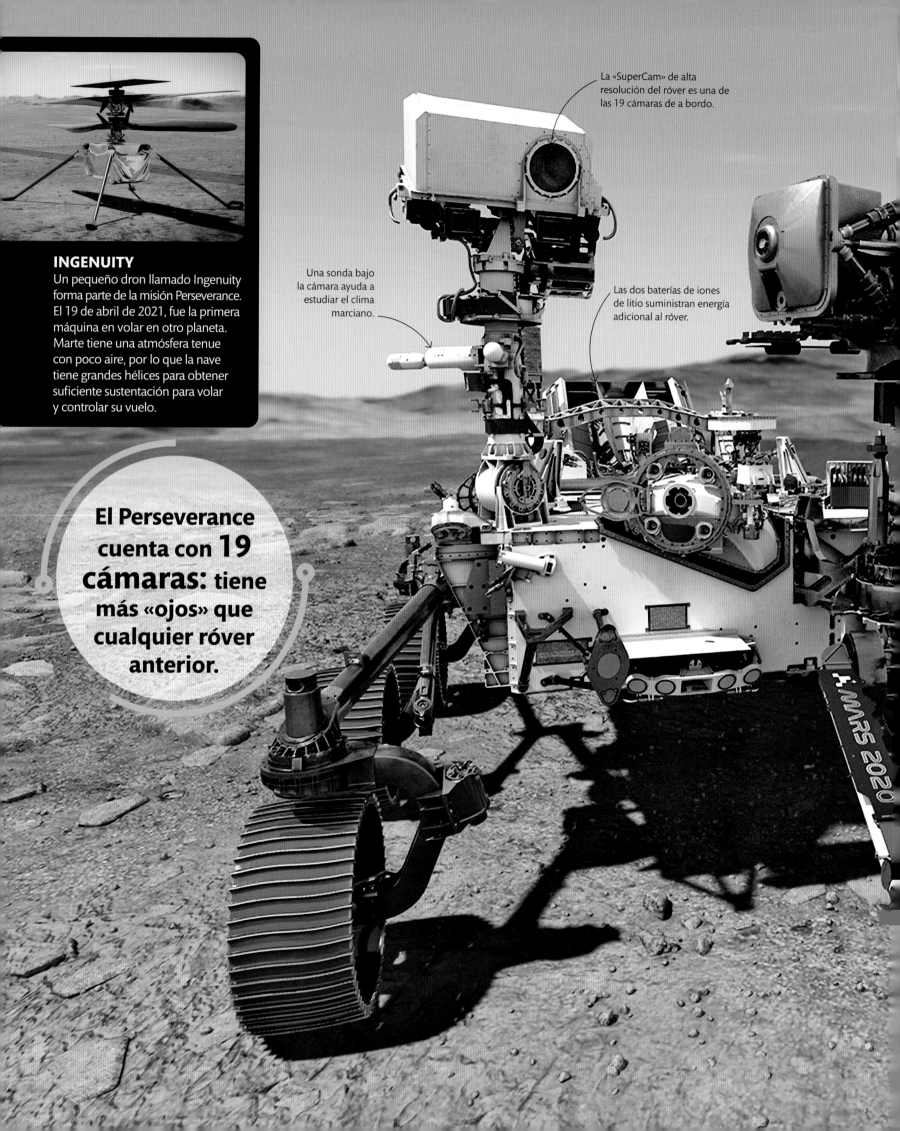

INGENUITY

Un pequeño dron llamado Ingenuity forma parte de la misión Perseverance. El 19 de abril de 2021, fue la primera máquina en volar en otro planeta. Marte tiene una atmósfera tenue con poco aire, por lo que la nave tiene grandes hélices para obtener suficiente sustentación para volar y controlar su vuelo.

La «SuperCam» de alta resolución del róver es una de las 19 cámaras de a bordo.

Una sonda bajo la cámara ayuda a estudiar el clima marciano.

Las dos baterías de iones de litio suministran energía adicional al róver.

El Perseverance cuenta con 19 cámaras: tiene más «ojos» que cualquier róver anterior.

Estudiar Marte

El Perseverance aterrizó en Marte en el interior del cráter Jezero, que se cree que fue un antiguo lago. Se piensa que el lugar en el que aterrizó era el delta de un río y podría contener signos de vida antigua. El róver analiza el área con la ayuda de dispositivos y sensores ligeros pero de alta tecnología.

Su brazo robótico tiene un taladro que le ayuda a extraer muestras de núcleos de roca para su estudio, las cuales se enviarán a la Tierra en el futuro.

EXPLORAR EL ESPACIO

EL RÓVER PERSEVERANCE

Los seres humanos exploran el sistema solar para comprender la Tierra y su lugar en el universo. Hemos puesto el pie sobre nuestra Luna y enviamos sondas para explorar los planetas de nuestro sistema solar. El róver Perseverance se lanzó al espacio en 2020 y aterrizó en la superficie de Marte en 2021, y puede comunicarse con la Tierra mediante señales de radio. Sus principales tareas son realizar experimentos científicos, recolectar muestras de rocas que pueden enviarse a la Tierra para su estudio y buscar signos de antigua vida microscópica.

EL SISTEMA SOLAR

En nuestro sistema solar hay ocho planetas que se mueven alrededor de una estrella, el Sol. Los planetas se mueven en trayectorias elípticas llamadas órbitas. El cuarto planeta a partir del Sol, Marte, es uno de los vecinos más cercanos de la Tierra, a 55 millones de kilómetros de distancia en su punto más cercano, por lo que podríamos viajar hasta allí en unos pocos meses.

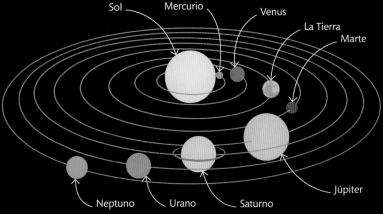

Sol   Mercurio   Venus   La Tierra   Marte   Júpiter   Saturno   Urano   Neptuno

Marte

Marte, conocido como el Planeta Rojo, debe su color naranja polvoriento a los altos niveles de óxido de hierro —la sustancia que le da color al óxido— que hay en su superficie. Se ha descubierto una gran cantidad de hielo en Marte, lo que indica que alguna vez fue más cálido, más húmedo y tenía una atmósfera más espesa, ideal para la vida. Esto ha llevado a los científicos a buscar signos de vida microscópica.

Lugar de aterrizaje del Perseverance

SEÑALES

BENGALAS

Durante una emergencia en el mar o en la montaña, es importante que el equipo de rescate pueda localizar a las personas en peligro lo antes posible. Una forma de pedir ayuda es usando bengalas. Estas contienen sustancias químicas que arden con una llama brillante y coloreada que puede verse a kilómetros de distancia, indicando así el lugar. Pueden tener diferentes colores, producidos por distintas sustancias químicas, pero la mayoría son de color rojo intenso. Las bengalas pueden utilizarse tanto de día como de noche. Algunas bengalas emiten humo espeso en lugar de luz. Se utilizan en lugares donde el suelo no es claramente visible desde el cielo, como los bosques.

PÓLVORA
Las bengalas contienen una sustancia química que libera oxígeno al calentarse, lo que hace que la bengala arda intensamente. Están diseñadas para arder de forma segura, a diferencia de la pólvora , que se compacta con la finalidad de que explote.

ENSAYOS A LA LLAMA

Al poner diferentes sales metálicas en contacto con una llama, esta cambia de color. Los científicos pueden usar estos ensayos a la llama para determinar qué metal está presente en una sal en particular. En una llama Bunsen azul, se coloca un aro de alambre impregnado con una pequeña cantidad de sal y se observa el color. El rojo brillante significa que hay estroncio, mientras que el calcio produce llamas naranjas y el sodio, amarillas.

El estroncio arde con una llama roja y brillante.

El sodio genera una llama amarilla.

El potasio arde con una llama lila.

El bario produce una llama verde.

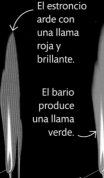
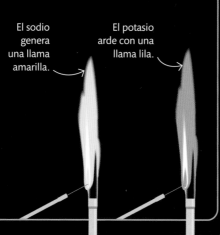

Una bengala arde durante 1 minuto y se puede ver hasta una distancia de **5 km.**

Señal de socorro
En las laderas heladas de Fairfield, Reino Unido, un helicóptero de rescate es guiado al lugar del accidente por una bengala roja y brillante. Las bengalas también son muy efectivas durante los rescates en el mar, especialmente durante la noche.

Fogonazos brillantes
Los fuegos artificiales de la Celebración de la
Luz en Vancouver, Canadá, llenan el cielo de
colores brillantes. Estos se producen cuando
se calientan diferentes metales al arder los
fuegos artificiales: el bario produce luz verde
y el magnesio luz blanca.

Hacia el cielo
Un oficial de catapulta, o tirador, a bordo del portaaviones *Theodore Roosevelt* da una señal al piloto de un Super Hornet F/A-18F tras verificar la velocidad y dirección del viento. Justo debajo de la cubierta está la catapulta de vapor necesaria para ayudar a lanzar el avión al cielo.

El F/A-18F Super Hornet mide más de **18 m** de largo y lo utiliza el ejército de Estados Unidos.

DESPEGUE EXPRÉS
CATAPULTAS AERONÁUTICAS

Un avión normalmente necesita una pista larga para ganar la velocidad necesaria para el despegue. Esto no es posible cuando despegan desde barcos en el mar, por lo que las cubiertas de los portaaviones están equipadas con potentes sistemas de catapulta que impulsan los aviones, ayudándolos a pasar de 0 a 250 km/h en solo dos segundos. La mayoría de las catapultas de los portaaviones funcionan con la presión ejercida por vapor supercaliente.

PRESIÓN DE VAPOR

El valor por el cual una fuerza se concentra o se extiende se llama «presión». La presión para impulsar una catapulta de avión se crea calentando agua. Esto la convierte en vapor y hace que sus moléculas se muevan muy deprisa. Esas moléculas ejercen una fuerza sobre el receptáculo en el que se encuentran y empujan el pistón.

Las moléculas de vapor se mueven rápidamente.

La presión mueve el pistón.

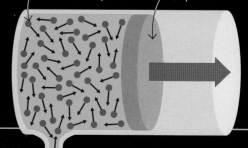

TIRACHINAS
Los tirachinas funcionan de forma diferente a las catapultas a bordo de los portaaviones. Tirar de la goma elástica de una honda almacena energía en ella. Esa energía luego impulsa una piedra u otro objeto hacia delante cuando se suelta la banda de goma.

Cómo funcionan las catapultas de vapor
Justo antes del despegue, el vapor caliente de un gran tanque acumulador se libera a través de conductos hacia el cilindro principal que corre a lo largo de la pista, justo debajo de la cubierta. La presión del vapor empuja un pistón que arrastra una lanzadera con enorme fuerza, empujando el avión hacia delante a gran velocidad.

Los motores de reacción también empujan el avión hacia delante.

Un freno hidráulico ralentiza el pistón al final del cilindro.

El vapor presurizado en el cilindro empuja el pistón.

La lanzadera impulsa el avión.

Tanque acumulador

El pistón arrastra la lanzadera con mucha fuerza.

ENVIAR DATOS

FIBRA ÓPTICA

Todos los días se envían grandes cantidades de datos a todo el mundo de forma rápida y segura mediante cables de fibra óptica. Estos cables contienen hebras de vidrio, llamadas «fibras ópticas», tan delgadas como un cabello. Los datos corren a través de esas fibras como pulsaciones de luz, reflejándose de un lado a otro entre sus paredes mientras van de un continente a otro. Hoy en día, los sistemas de internet, televisión y teléfono se basan en redes de cable de fibra óptica.

UN CABLE POR DENTRO

Un cable de fibra óptica contiene fibras ópticas envueltas una a una por una capa de revestimiento. Después, las fibras se agrupan y se sellan en un tubo para proteger los cables cuando se colocan en entornos expuestos, como el fondo marino.

LUZ Y REFLEXIÓN

En las fibras ópticas, la información se transmite en forma de señales luminosas. La luz se transfiere a través de las fibras mediante un proceso llamado reflexión interna total, ya que viaja en forma de zigzag. La onda de luz rebota de un lado a otro del cable, pero nunca incide en el borde del vidrio en un ángulo lo bastante pronunciado como para atravesarlo, por lo que siempre se refleja por completo.

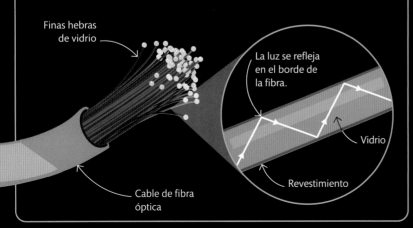

Finas hebras de vidrio

La luz se refleja en el borde de la fibra.

Vidrio

Cable de fibra óptica

Revestimiento

1 Enrollando el cable
Los cables submarinos se colocan con barcos y maquinaria especializados. Primero, el cable de fibra óptica, que puede tener cientos de kilómetros de largo, se enrolla a bordo del barco en preparación para el viaje.

El cable
de fibra óptica
más rápido admite
simultáneamente
30 millones
de llamadas
telefónicas.

2 Mar adentro
El barco se dirige al lugar adecuado, donde el cable se conecta a un punto en tierra. Luego, el barco comienza a moverse, extendiendo el cable detrás de él a medida que avanza.

3 En el fondo del mar
Una vez en el fondo marino, el cable se saca a través de un arado. A medida que el arado se arrastra detrás del barco y excava una zanja en el lecho marino, el cable queda enterrado de forma segura.

4 Mantener el cable
Pese a las numerosas medidas adoptadas para protegerlos, los cables submarinos pueden dañarse. Para repararlos, los buzos o los pequeños submarinos deben investigar y después llevar la sección afectada a la superficie para su reparación.

Alertas de avalancha
Los montañistas en áreas propensas a avalanchas, como este grupo en los Alpes suizos, tienen que llevar transceptores de radio como parte de su equipo de emergencia. Estos dispositivos envían continuamente señales de radio. Si alguno de ellos desaparece, los otros configuran sus dispositivos para recibir señales de radio, lo que les permite captar señales del dispositivo de la persona desaparecida. Quienes quedan atrapados por la nieve de una avalancha pueden ser localizados y rescatados de manera segura.

RESCATE DE EMERGENCIA

COMUNICACIÓN POR RADIO

Durante siglos, antes de que las ondas de radio hicieran posible la comunicación inalámbrica, la comunicación a larga distancia era lenta y difícil. Las ondas de radio son un tipo de radiación electromagnética (ver página 142) que puede usarse para enviar señales a grandes distancias y a gran velocidad. Muchos métodos de comunicación modernos se basan en un dispositivo llamado transceptor, el cual contiene antenas que pueden enviar y recibir ondas de radio, actuando de esa forma como transmisor y como receptor. La comunicación por radio se utiliza en teléfonos móviles, radio, radar, wifi y otras aplicaciones.

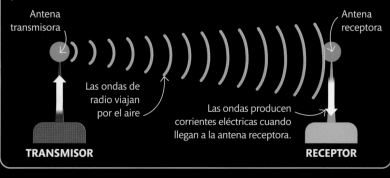

SIN NECESIDAD DE LLAVE
Un llavero inteligente es un pequeño dispositivo electrónico que permite el acceso a un vehículo sin usar una llave normal. Cuando se activa, un transmisor envía una señal de radio a un receptor que bloquea o desbloquea la puerta.

SEÑALES DE RADIO

Las ondas de radio tienen las longitudes de onda más largas de todo el espectro electromagnético, lo que les permite viajar lejos. Son generadas por un transmisor que utiliza corrientes eléctricas cambiantes. Al agregar una señal a una onda de radio, la información se puede codificar en la onda y después irradiarse desde las antenas. Un receptor funciona como un transmisor a la inversa, recibiendo las ondas y convirtiéndolas de nuevo en corriente.

Antena transmisora

Antena receptora

Las ondas de radio viajan por el aire

Las ondas producen corrientes eléctricas cuando llegan a la antena receptora.

TRANSMISOR

RECEPTOR

Muchos **objetos** del **espacio**, como el Sol y otras grandes estrellas, emiten ondas de radio.

COMPROBACIÓN DE IDENTIDAD

BIOMETRÍA

Todos los días, las personas acceden a sus teléfonos móviles o tabletas utilizando datos biométricos: medidas corporales. Cada persona tiene muchas características físicas y de comportamiento únicas, como sus huellas dactilares, rasgos faciales, tono de voz o incluso la forma de una parte del ojo llamada iris. La biometría utiliza estos rasgos para identificar digitalmente a una persona, al compararlos con una base de datos con información sobre las características de muchos usuarios. Esta tecnología es utilizada por las empresas para verificar a los empleados y también por la policía.

Esta imagen muestra los detalles del iris como una secuencia de zonas claras y oscuras que se convierten en datos digitales y se comparan con una base de datos.

EL OJO HUMANO

Nuestros ojos convierten la luz reflejada en las imágenes que podemos ver. La luz entrante pasa a través del cristalino y se enfoca en la retina, en la parte posterior. Esto produce señales eléctricas que se envían al cerebro, el cual luego compone lo que vemos.

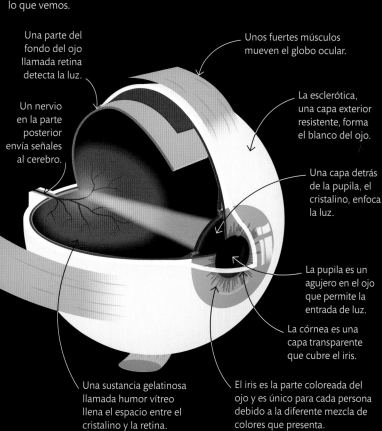

Una parte del fondo del ojo llamada retina detecta la luz.

Un nervio en la parte posterior envía señales al cerebro.

Unos fuertes músculos mueven el globo ocular.

La esclerótica, una capa exterior resistente, forma el blanco del ojo.

Una capa detrás de la pupila, el cristalino, enfoca la luz.

La pupila es un agujero en el ojo que permite la entrada de luz.

La córnea es una capa transparente que cubre el iris.

Una sustancia gelatinosa llamada humor vítreo llena el espacio entre el cristalino y la retina.

El iris es la parte coloreada del ojo y es único para cada persona debido a la diferente mezcla de colores que presenta.

El escáner de iris analiza el iris dividiéndolo en ocho secciones.

Escaneo de iris
La parte coloreada del ojo llamada iris se escanea en esta imagen de ordenador. Los diferentes colores del iris crean un patrón único para cada individuo que se puede utilizar para identificarlos con precisión.

Un escáner de iris es **más preciso** que las huellas dactilares porque no puede duplicarse.

Escaneo de huellas dactilares
Los escáneres de huellas dactilares capturan el patrón de crestas y valles en un dedo. Los datos se comparan con una base de datos de otras huellas digitales para encontrar la coincidencia más cercana e identificar al individuo.

Reconocimiento facial
Desde la distancia entre los ojos a la longitud de la línea de la mandíbula, cada rostro tiene características únicas. Los sistemas de reconocimiento facial toman estas medidas y las comparan con una base de datos de formas faciales. Una coincidencia positiva confirma la identidad de la persona.

Reconocimiento de voz
Los sistemas de reconocimiento de voz comparan nuestra voz con una base de datos para saber cómo sonamos normalmente cuando usamos palabras en una oración. Esto permite al usuario ordenar a los dispositivos inteligentes que realicen ciertas tareas mediante la voz.

Juego global
Los jugadores del popular juego *Fortnite* asisten a la competición ESL Katowice Royale en Polonia en 2019. Torneos como estos son eventos masivos que atraen a equipos, espectadores y patrocinadores de todo el mundo y se transmiten en directo por internet.

En 2021, el equipo de eSports de más éxito, Team Liquid, había ganado **36 millones** de dólares en premios.

JUGAR JUNTOS

JUEGOS EN LÍNEA

Internet ha cambiado la forma en que aprendemos, trabajamos e incluso jugamos, pues nos permite crear grandes torneos de videojuegos en los que los jugadores y equipos de élite compiten en el mismo entorno de juego. Internet puede conectar servidores de juegos remotos o bien muchos ordenadores en un solo lugar a través de una red de área local. Todo lo que está conectado a internet utiliza un conjunto de reglas para transferir datos, lo que permite la comunicación remota.

INTERNET DE LAS COSAS

Miles de millones de dispositivos comparten datos a través de internet y este sistema interconectado recibe el sobrenombre de internet de las cosas. Esto abarca todo lo que se conecta a internet: relojes inteligentes, automóviles sin conductor o monitores de calidad del aire.

INTERNET

Internet es el sistema mundial de redes de ordenadores conectados, unidos por satélites y cables (ver página 112). Los dispositivos domésticos acceden a internet a través de un proveedor de servicios de internet (ISP).

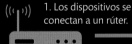

RÚTER WIFI

1. Los dispositivos se conectan a un rúter.

RED DE ÁREA LOCAL

2. También pueden conectarse con personas cercanas a través de una red de área local (LAN).

3. Los datos se envían a través de la central telefónica.

4. Los ordenadores acceden a internet a través de un ISP.

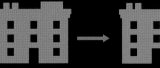

CENTRAL TELEFÓNICA

PROVEEDOR DE SERVICIOS DE INTERNET

RÚTER DE NÚCLEO

5. El rúter de núcleo se conecta a todo internet.

PROTEGER Y SOBREVIVIR

La
Tierra es el único
planeta que conocemos
que tiene vida, y este milagro de
la vida es precioso y frágil. La ciencia
nos ha permitido crear medicamentos
para tratar enfermedades e infecciones,
máquinas para mantenernos con vida y
prótesis para ayudar a movernos. Las
innovaciones científicas pueden ayudar
también a reducir los efectos del
cambio climático y conservar
el entorno natural que
nos rodea.

VENCER LAS ENFERMEDADES

ANTIBIÓTICOS

Las bacterias son organismos diminutos que pueden causar enfermedades como la neumonía. Sin embargo, algunas bacterias y hongos producen de forma natural sustancias para combatir y matar a las bacterias competidoras. Los científicos las usan para crear antibióticos, que funcionan como medicamentos para tratar enfermedades provocadas por infecciones bacterianas. Más de la mitad de los antibióticos provienen de unas bacterias llamadas *Streptomyces*, que crecen en grandes colonias.

RESISTENCIA ANTIBIÓTICA

Si las bacterias están en contacto con los antibióticos durante demasiado tiempo pueden volverse resistentes a ellos. Las bacterias resistentes a los antibióticos, como el *Staphylococcus aureus* de la imagen, que es resistente a la meticilina (MRSA), causan infecciones que no pueden tratarse.

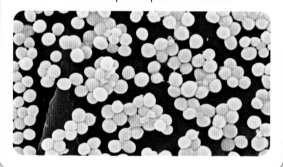

BACTERIAS

Las bacterias son organismos unicelulares y son los seres vivos más abundantes. La mayoría de las bacterias son beneficiosas. En tu cuerpo viven en torno a 40 billones y las bacterias que se encuentran en tu intestino te ayudan a digerir los alimentos. Algunos tipos de bacterias son perjudiciales y pueden causar infecciones. Los antibióticos combaten las bacterias de diferentes formas para matarlas o evitar que actúen.

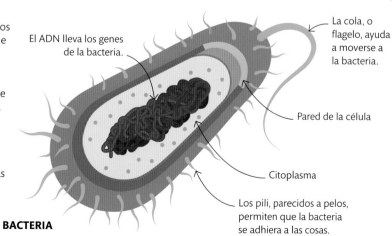

El ADN lleva los genes de la bacteria.

La cola, o flagelo, ayuda a moverse a la bacteria.

Pared de la célula

Citoplasma

Los pili, parecidos a pelos, permiten que la bacteria se adhiera a las cosas.

BACTERIA

Estas gotitas se utilizan para producir el antibiótico.

**Menos del 1 %
de las especies de
bacterias causan
enfermedades.**

Colonia bacteriana
Aquí puede verse una colonia de bacterias
Streptomyces coelicolor en una imagen
ampliada. Estas bacterias liberan gotas de
líquido que ayudan a los científicos a
producir hasta cinco antibióticos diferentes.
Luego se toman en forma de tabletas.

Colonia de bacterias
Streptomyces cultivadas
en el laboratorio.

Asesino de bacterias
Esta mancha de moho es una colonia del hongo *Penicillium*. Las sustancias que produce el hongo matan las manchas circundantes de bacterias rojas, haciendo que pierdan su color. El *Penicillium* se usó originalmente para fabricar el antibiótico penicilina, que ha salvado muchas vidas.

COMBATIR LA COVID-19

VACUNAS

En 2020, una pandemia se extendió por el mundo. Estuvo causada por un virus conocido como coronavirus que infectaba los pulmones de las personas y provocó una enfermedad llamada covid-19. Para evitar que las personas sanas contrajeran el virus, los científicos desarrollaron vacunas, medicamentos que enseñan al cuerpo a identificar y combatir el virus. Hay vacunas para una amplia gama de enfermedades.

El virus tiene unas púas en su superficie que permiten que el sistema inmunitario los identifique rápidamente.

VARIANTES DEL VIRUS

Los virus cambian sin cesar su estructura y dan lugar a diferentes versiones del mismo virus denominadas «variantes». Por eso cada año se desarrolla una nueva vacuna contra la gripe: para combatir la última variante. Cada vacuna se prueba en voluntarios para garantizar que sea segura y eficaz.

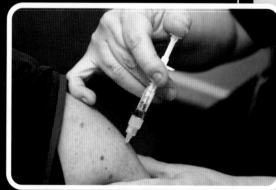

CÓMO FUNCIONAN LAS VACUNAS

Las vacunas utilizan el sistema que posee nuestro cuerpo para combatir las enfermedades, el sistema inmunitario. Parte del sistema inmunitario aprende a identificar patógenos (virus o bacterias dañinas) que entran en el cuerpo, para que así el cuerpo pueda destruirlos rápidamente si entran de nuevo. Lo hace produciendo sustancias llamadas anticuerpos, que marcan a los patógenos para su destrucción cada vez que aparecen. Las vacunas hacen que el sistema inmunitario produzca anticuerpos para un patógeno específico sin que este esté presente. Esto significa que el cuerpo estará protegido contra una enfermedad sin tener que estar expuesto a ella primero.

Anticuerpos producidos por el sistema inmunitario.

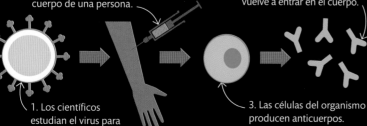

2. La vacuna se inyecta en el cuerpo de una persona.

4. Los anticuerpos destruirán rápidamente el virus si este vuelve a entrar en el cuerpo.

1. Los científicos estudian el virus para producir una vacuna.

3. Las células del organismo producen anticuerpos.

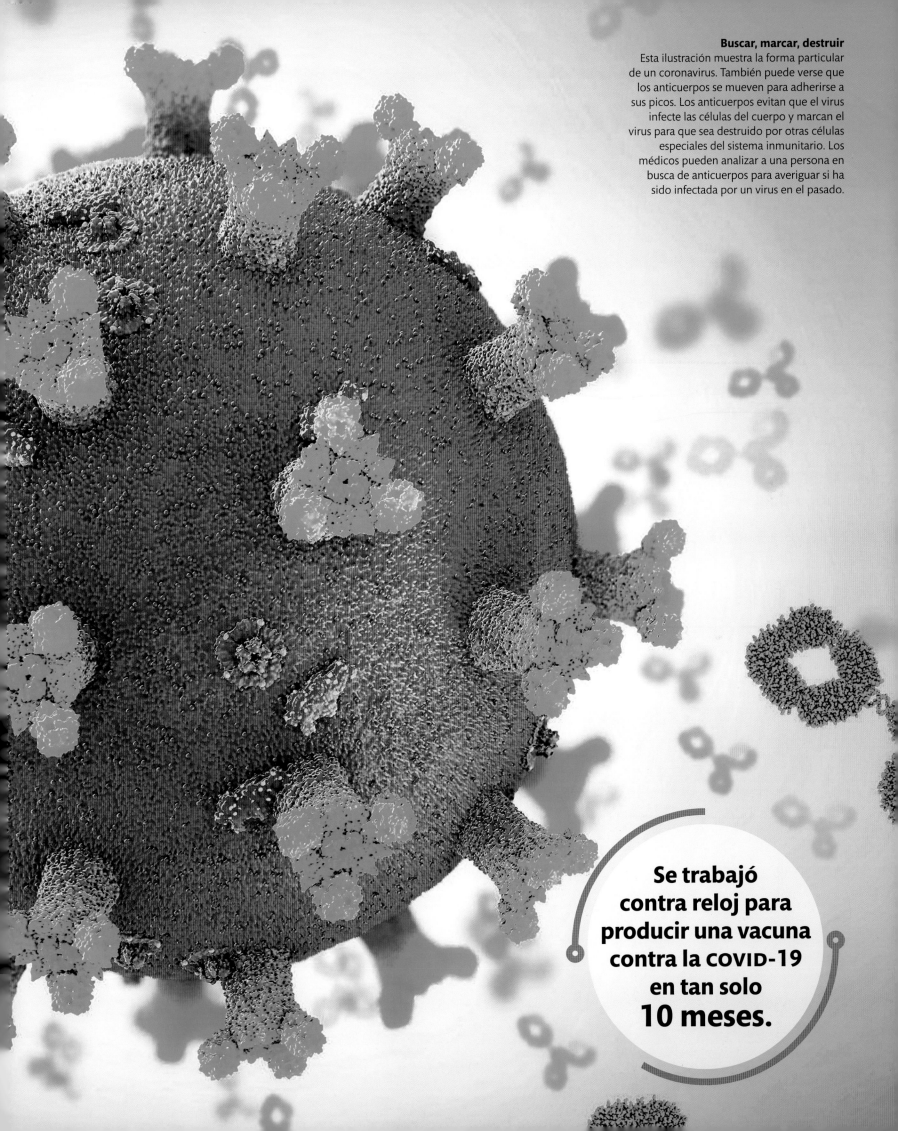

Buscar, marcar, destruir
Esta ilustración muestra la forma particular de un coronavirus. También puede verse que los anticuerpos se mueven para adherirse a sus picos. Los anticuerpos evitan que el virus infecte las células del cuerpo y marcan el virus para que sea destruido por otras células especiales del sistema inmunitario. Los médicos pueden analizar a una persona en busca de anticuerpos para averiguar si ha sido infectada por un virus en el pasado.

Se trabajó contra reloj para producir una vacuna contra la COVID-19 en tan solo 10 meses.

LÍQUIDO VITAL

DONACIÓN DE SANGRE

Igual que la piel y los huesos, la sangre es un tejido, es decir, una colección de células especializadas. La sangre transporta oxígeno y dióxido de carbono por todo el cuerpo, así como otros nutrientes importantes, y ayuda a mantener nuestro cuerpo a la temperatura adecuada. También contiene glóbulos blancos, que combaten las infecciones y producen anticuerpos para protegernos (ver página 122).

ANÁLISIS DE SANGRE

Los análisis de sangre son una parte importante de la medicina. Se utilizan para medir la cantidad de sustancias en el cuerpo, como sales, grasas y azúcares. Los resultados indican a los médicos cómo funcionan los riñones, el hígado y otros órganos de una persona.

SANGRE

La sangre está formada por diferentes tipos de células que flotan en un líquido acuoso llamado plasma. El corazón la bombea para que viaje por el cuerpo en pequeños tubos llamados vasos sanguíneos. Hay tres tipos de células en la sangre: góbulos rojos, glóbulos blancos y plaquetas, y cada una tiene una tarea distinta.

Las plaquetas son fragmentos de células que hacen que la sangre se coagule en una herida.

Los glóbulos rojos transportan oxígeno por todo el cuerpo.

El plasma es principalmente agua con nutrientes disueltos.

Los glóbulos blancos defienden al cuerpo de las enfermedades.

SECCIÓN TRANSVERSAL DE UN VASO SANGUÍNEO

Donar sangre

La sangre es esencial para el funcionamiento del cuerpo humano. Si se pierde sangre, se puede salvar la vida de una persona haciéndole una transfusión de sangre, bombeando la sangre de otra persona a su cuerpo. Esto es posible gracias a que las personas voluntarias donan sangre, que luego se envía a los hospitales donde se necesita. Con el tiempo, el cuerpo del donante reemplaza la sangre donada.

La sangre representa aproximadamente el **8 %** del peso de una persona adulta.

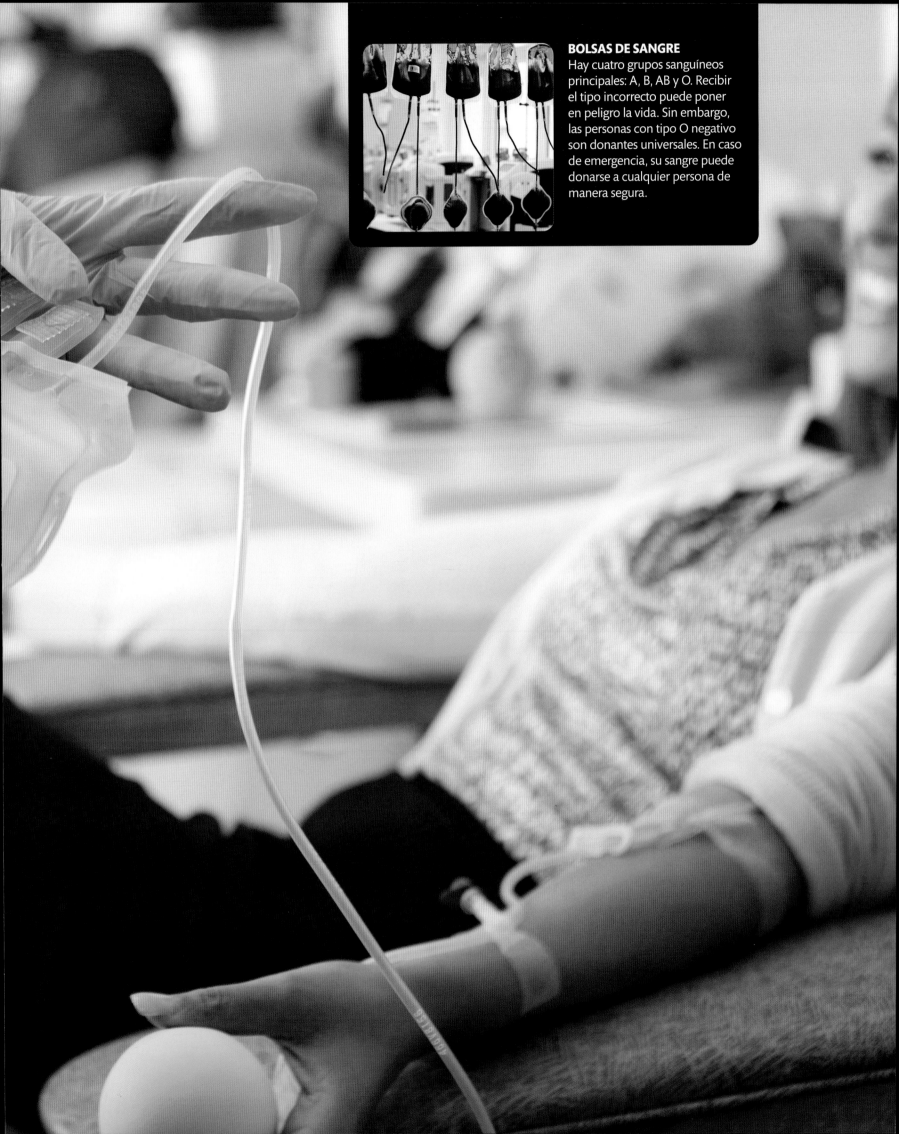

BOLSAS DE SANGRE
Hay cuatro grupos sanguíneos principales: A, B, AB y O. Recibir el tipo incorrecto puede poner en peligro la vida. Sin embargo, las personas con tipo O negativo son donantes universales. En caso de emergencia, su sangre puede donarse a cualquier persona de manera segura.

GUIANDO AL CORAZÓN

MARCAPASOS

El marcapasos es un invento que salva vidas y ayuda a controlar los latidos del corazón humano. Millones de personas en todo el mundo padecen alguna irregularidad en el ritmo cardíaco, que puede causar problemas de salud. Un marcapasos es un pequeño dispositivo que funciona con baterías y se coloca en el cuerpo para corregir los latidos del corazón cuando pierden el ritmo mediante pequeños pulsos eléctricos.

La batería de un marcapasos puede durar unos **10 años.**

TECNOLOGÍA EN MINIATURA

Los marcapasos deben ser pequeños para no interferir con el cuerpo, por lo que la mayoría tienen el tamaño de una caja de fósforos. Los científicos están desarrollando otros más pequeños, algunos del tamaño de una pastilla.

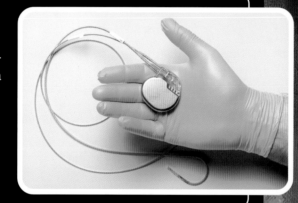

EL CORAZÓN

El corazón es un poderoso órgano que bombea sangre a través del cuerpo contrayéndose y relajándose a un ritmo controlado por señales eléctricas. El corazón tiene dos lados, cada uno de los cuales está compuesto por dos cámaras: una aurícula y un ventrículo. Al latir, el corazón envía sangre a los pulmones, donde recoge oxígeno. Luego succiona esta sangre y la bombea al resto del cuerpo.

5. Una gran arteria llamada aorta transporta sangre rica en oxígeno al cuerpo.

3. La sangre rica en oxígeno entra en el corazón desde los pulmones.

1. La sangre pobre en oxígeno del cuerpo llega a la aurícula derecha.

2. El ventrículo derecho empuja la sangre hacia los pulmones.

4. El ventrículo izquierdo bombea la sangre rica en oxígeno desde el corazón.

→ SANGRE POBRE EN OXÍGENO
SANGRE RICA EN OXÍGENO

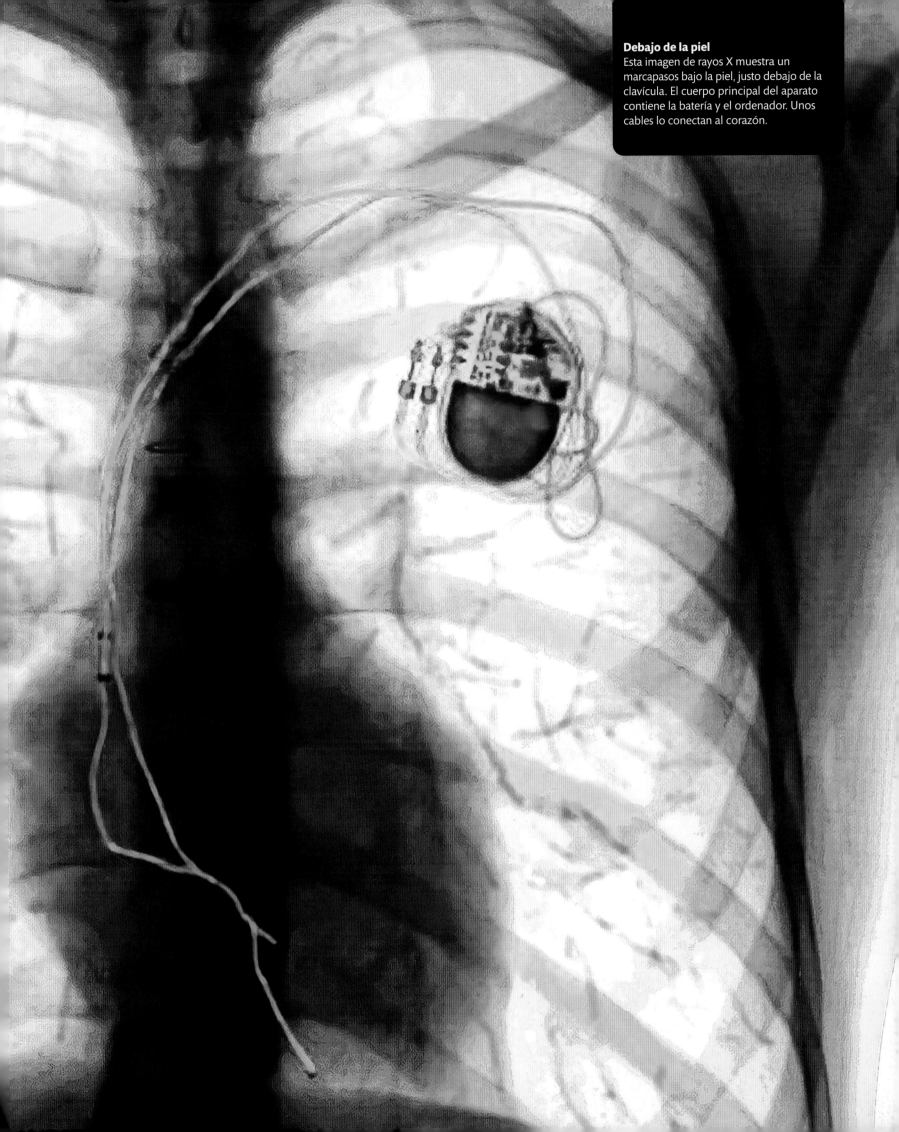

Debajo de la piel
Esta imagen de rayos X muestra un marcapasos bajo la piel, justo debajo de la clavícula. El cuerpo principal del aparato contiene la batería y el ordenador. Unos cables lo conectan al corazón.

FUERZA EXTRA

Algunos exoesqueletos están diseñados para mejorar las habilidades humanas. El ejército ha experimentado con varios modelos que permitirían a los soldados transportar cargas pesadas a largas distancias sin forzar demasiado sus propios músculos.

Paso a paso

En las instalaciones de Cyberdyne en Nordrhein-Westfalen, Alemania, las personas con daños en el sistema nervioso inferior usan el exoesqueleto HAL para que les ayude a recuperar la movilidad. El exoesqueleto sostiene los movimientos de las extremidades del paciente y luego retroalimenta al cerebro, lo que fortalece la conexión entre el cerebro y la extremidad.

En 2020, el estadounidense Adam Gorlitsky corrió una **maratón** de **33 horas** con un exoesqueleto.

MÁQUINAS DE MOVILIDAD

EXOESQUELETOS

En la naturaleza, los exoesqueletos son estructuras en forma de armadura que sostienen el cuerpo de animales como los insectos. Los exoesqueletos artificiales funcionan de modo similar: son máquinas portátiles que mejoran la manera en que se mueve el cuerpo mediante sensores, motores, palancas y otros dispositivos. Algunos exoesqueletos pueden sentir las señales enviadas por el sistema nervioso del cuerpo e interpretarlas, mientras que otros funcionan con sensores en los zapatos que se activan cuando el peso corporal de una persona cambia.

EL SISTEMA NERVIOSO

1. El cerebro es el centro de control del cuerpo, procesa la información y responde a ella.

El sistema nervioso controla la actividad del cuerpo. Cuando este detecta cambios en su entorno, las células nerviosas envían señales al cerebro, que decide cómo responder. Luego envía información en forma de señales eléctricas a distintas partes, como los músculos, para controlar el movimiento.

2. La médula transmite al resto del cuerpo las señales eléctricas del cerebro.

El cerebro envía señales a los músculos de la pierna a través de la médula.

3. Una red de nervios recorre el cuerpo.

¿Cómo funciona?

Un tipo de exoesqueleto llamado HAL funciona con uso de sensores eléctricos en la piel que detectan las señales enviadas por el cerebro a los músculos. Estas señales se recogen y se envían al sistema de control del exoesqueleto, que mueve la parte apropiada del traje para ayudar a que esa parte del cuerpo se mueva.

Los sensores detectan señales en los músculos asociados con el movimiento.

El sistema de control utiliza información del sensor para mover el exoesqueleto.

SISTEMAS DE SOPORTE VITAL
MÁQUINAS MÉDICAS

El cuerpo humano está formado por complejos sistemas que a veces pueden fallar. Durante el último siglo, notables logros tecnológicos han hecho que las máquinas a veces puedan intervenir y brindar asistencia crítica a cualquier sistema del cuerpo que esté fallando. Algunas máquinas se utilizan para comprender mejor cómo funciona el cuerpo, mientras que otras detectan problemas y otras los solucionan.

SISTEMAS DEL CUERPO

En el cuerpo hay muchos sistemas de órganos y tejidos conectados, que llevan a cabo tareas vitales. El sistema digestivo nos permite comer y obtener energía de los alimentos, el sistema respiratorio nos permite respirar y el sistema circulatorio hace que la sangre fluya por el cuerpo.

Los pulmones son parte del sistema respiratorio y toman oxígeno del aire para pasarlo a la sangre.

El cerebro es el centro de control del sistema nervioso y coordina cómo el cuerpo responde a los estímulos.

Los vasos sanguíneos forman el sistema circulatorio, mientras que el corazón (ver página 130) bombea la sangre por todo el cuerpo.

La vejiga es parte del sistema urinario y elimina los desechos.

Los intestinos delgado y grueso procesan los alimentos y forman parte del sistema digestivo.

Los huesos mantienen el cuerpo erguido y actúan en combinación con los músculos.

Junto con los huesos, los músculos forman el sistema musculoesquelético, que hace que el cuerpo se mueva cuando los músculos tiran de los huesos del esqueleto.

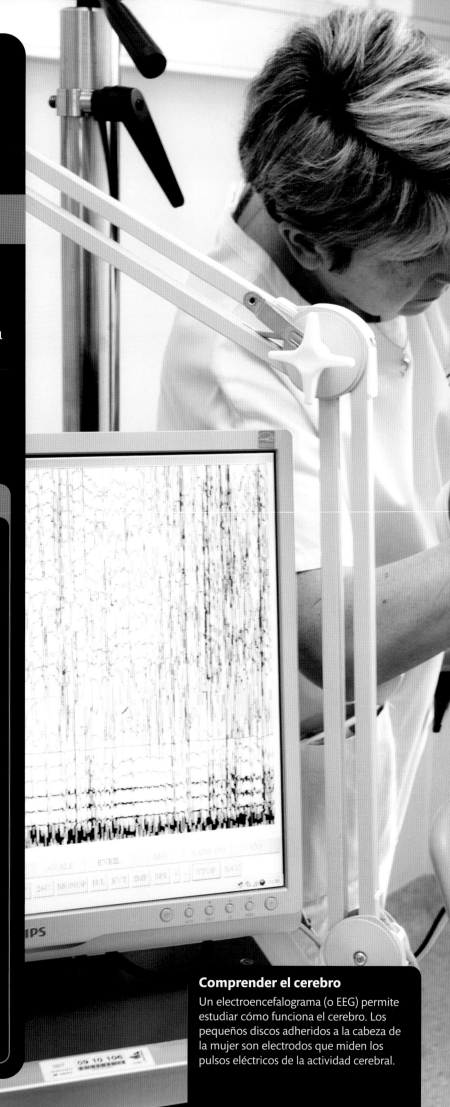

Comprender el cerebro
Un electroencefalograma (o EEG) permite estudiar cómo funciona el cerebro. Los pequeños discos adheridos a la cabeza de la mujer son electrodos que miden los pulsos eléctricos de la actividad cerebral.

Los científicos usan electroence-falogramas para estudiar la actividad cerebral durante el **sueño**.

Desfibrilador

Si el corazón deja de latir late de una forma irregular, los socorristas solo tienen unos minutos para actuar. Los desfibriladores pueden enviar ráfagas de electricidad al corazón para que vuelva a latir con la necesaria regularidad.

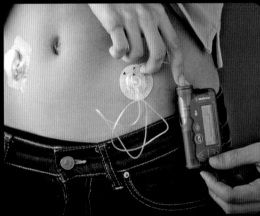

Bomba de insulina

La insulina generalmente es liberada por el páncreas y es importante para equilibrar la cantidad de azúcar en la sangre. Las personas con una afección llamada diabetes no pueden producir suficiente insulina de forma natural, pero pueden usar una bomba de insulina para aumentar sus niveles.

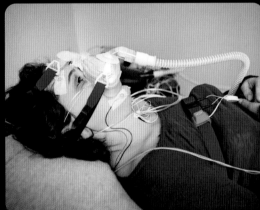

Máquinas CPAP

Algunas personas tienen problemas respiratorios, especialmente cuando duermen, y no obtienen aire suficiente. Las máquinas de presión positiva continua en las vías respiratorias (CPAP) utilizan una presión leve para mantener el nivel de ventilación pulmonar necesario, de modo que los pacientes puedan respirar.

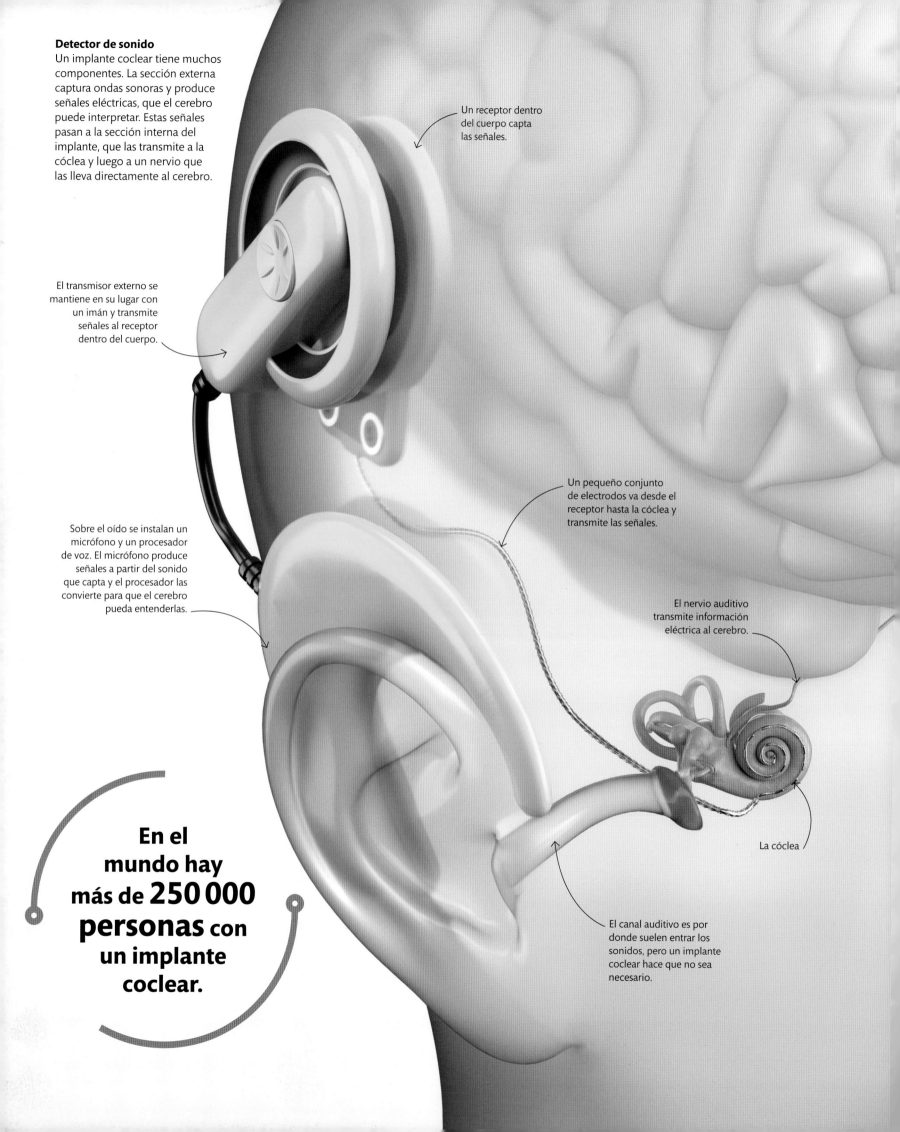

Detector de sonido
Un implante coclear tiene muchos componentes. La sección externa captura ondas sonoras y produce señales eléctricas, que el cerebro puede interpretar. Estas señales pasan a la sección interna del implante, que las transmite a la cóclea y luego a un nervio que las lleva directamente al cerebro.

Un receptor dentro del cuerpo capta las señales.

El transmisor externo se mantiene en su lugar con un imán y transmite señales al receptor dentro del cuerpo.

Un pequeño conjunto de electrodos va desde el receptor hasta la cóclea y transmite las señales.

Sobre el oído se instalan un micrófono y un procesador de voz. El micrófono produce señales a partir del sonido que capta y el procesador las convierte para que el cerebro pueda entenderlas.

El nervio auditivo transmite información eléctrica al cerebro.

La cóclea

El canal auditivo es por donde suelen entrar los sonidos, pero un implante coclear hace que no sea necesario.

En el mundo hay más de 250 000 personas con un implante coclear.

PERCIBIR SONIDOS

IMPLANTES COCLEARES

Los audífonos pueden ayudar a las personas que no oyen bien amplificando los sonidos en su oído. Sin embargo, algunas personas tienen una pérdida auditiva tan grave que esto no funciona. Los implantes cocleares son una invención diseñada para hacer innecesario el oído interno, pues convierten el sonido en señales eléctricas que se transmiten directamente al cerebro. Una parte se implanta quirúrgicamente y la otra se coloca fuera del cuerpo, en el costado de la cabeza.

El cerebro recibe las señales y las procesa.

VER CON SENSORES

Los ojos biónicos funcionan de forma parecida a los implantes cocleares y ayudan a las personas con pérdida de visión, aunque aún no están disponibles de manera generalizada. Una cámara montada en unas gafas recoge información visual y la envía al cerebro.

EL OÍDO

El oído capta las vibraciones del aire y el cerebro las interpreta. Las ondas sonoras llegan al oído y hacen vibrar el tímpano. Estas vibraciones viajan a través de pequeños huesos hasta la cóclea, que las convierte en señales para el cerebro.

3. Las vibraciones mueven unos pequeños huesos en el oído medio que amplifican el sonido.

1. El oído externo recoge las ondas sonoras y las envía al oído.

4. Las ondas de sonido pasan a la cóclea y mueven pequeñas células ciliadas que envían señales al cerebro.

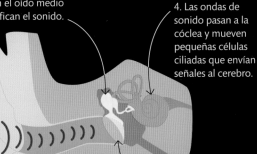

2. El tímpano es una membrana que vibra con las ondas sonoras.

Las prótesis están hechas de mutitud de capas de **fibra de carbono** cada una más delgada que un cabello.

WR   PR

PARALÍMPICOS
CORRER CON PRÓTESIS

Los atletas amputados utilizan unas prótesis en sustitución de sus extremidades inferiores. En lugar de copiar unas piernas biológicas, están diseñadas para ser ligeras, curvas y elásticas, lo que significa que vuelven a su tamaño y forma originales tras haber sido deformadas por una fuerza. Se comportan como los músculos y los tendones de las piernas: con el peso, se doblan y almacenan energía y luego la liberan al levantarse del suelo.

REBOTE EXTRA

El impulso de rebote de una cama elástica proviene de los muelles que unen la lona al marco rígido. Cuando una persona salta, su peso provoca que los muelles se extiendan hacia abajo. Estos ejercen una fuerza igual y opuesta (hacia arriba) sobre la persona cuando regresan a su posición original y empujan entonces a la persona hacia arriba.

Adelante y hacia arriba
Atsushi Yamamoto es un atleta paralímpico japonés que usa una prótesis para las competiciones de salto de longitud y velocidad. En los Juegos Paralímpicos de Río de Janeiro, en 2016, ganó la medalla de plata en la competición de salto de longitud.

ELASTICIDAD

Una prótesis para correr funciona como un muelle. Cuando el atleta da un paso, aplica una fuerza a las láminas que hace que se doblen, almacenando un tipo de energía llamada energía potencial elástica (ver página 42). La lámina elástica vuelve después a su forma original, ejerciendo fuerza y liberando la energía almacenada. Esta energía se convierte en energía cinética, que empuja al atleta hacia delante.

Las láminas son empujadas hacia abajo.

Las láminas empujan hacia delante.

1. El peso del atleta dobla las láminas, que almacenan energía potencial.

2. El peso se traslada a la punta de la prótesis y prepara al atleta para un impulso.

3. La prótesis rebota y transmite fuerza, con lo que el atleta es empujado hacia delante.

CONDUCIR SEGUROS

PRUEBAS DE CHOQUE

Para determinar la seguridad de un vehículo nuevo, los ingenieros hacen pruebas de choque que imitan los accidentes reales. Al chocar, un coche se detiene repentinamente, pero sus pasajeros mantienen el impulso y siguen moviéndose, lo que puede causar lesiones. Las pruebas de choque recogen datos y ayudan a minimizar el riesgo de lesiones con la mejora de las características de seguridad, como los *airbags* y los cinturones.

MANIQUÍES DE PRUEBAS DE CHOQUE

En las pruebas de choque se usan maniquíes de tamaño natural. Son de varias formas y tamaños —adulto, niño, hombre y mujer— y sufren los mismos movimientos que una persona real en un impacto. Cada maniquí lleva más de 130 sensores que registran las posibilidades de lesiones durante diferentes escenarios de choque.

En las pruebas, los vehículos chocan a una velocidad media de **56 km/h.**

INERCIA

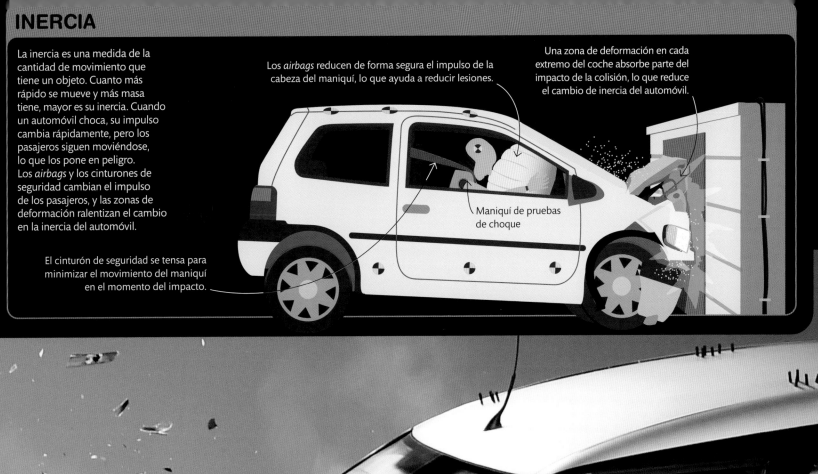

La inercia es una medida de la cantidad de movimiento que tiene un objeto. Cuanto más rápido se mueve y más masa tiene, mayor es su inercia. Cuando un automóvil choca, su impulso cambia rápidamente, pero los pasajeros siguen moviéndose, lo que los pone en peligro. Los *airbags* y los cinturones de seguridad cambian el impulso de los pasajeros, y las zonas de deformación ralentizan el cambio en la inercia del automóvil.

Los *airbags* reducen de forma segura el impulso de la cabeza del maniquí, lo que ayuda a reducir lesiones.

Una zona de deformación en cada extremo del coche absorbe parte del impacto de la colisión, lo que reduce el cambio de inercia del automóvil.

Maniquí de pruebas de choque

El cinturón de seguridad se tensa para minimizar el movimiento del maniquí en el momento del impacto.

Simulación de accidentes
Dos vehículos chocan en una pista próxima a París, Francia. La prueba se hizo sin usar cinturones en el asiento trasero, a fin de mostrar por qué los cinturones de seguridad son esenciales y animar a los fabricantes a mejorar la seguridad de su diseño.

ESTERILIZAR CON LUZ

RADIACIÓN UV

La luz que vemos a nuestro alrededor es una forma de energía llamada radiación electromagnética. Toda la radiación viaja en forma de ondas y la mayoría de esas ondas son demasiado largas o cortas para ser vistas por el ojo humano, como los rayos ultravioleta (UV). Los producen naturalmente el Sol y otras estrellas, pero también se pueden crear con lámparas especiales. Estas lámparas pueden utilizarse para desinfectar superficies y descubrir pruebas en investigaciones forenses.

ESPECTRO ELECTROMAGNÉTICO

Los rayos ultravioleta son uno de los muchos tipos de radiación electromagnética, que podemos imaginar en la línea del espectro electromagnético. A la izquierda del espectro encontramos ondas con longitudes de onda más largas (ver página 184), como las ondas de radio. La luz visible, en el centro del espectro, la forman todas las longitudes de onda que podemos ver a simple vista. Los tipos de radiación con longitudes de onda más cortas, como los rayos gamma, están a la derecha del espectro. La radiación ultravioleta también tiene longitudes de onda más cortas que la luz visible y hay varios tipos diferentes.

| ONDAS DE RADIO | MICROONDAS | LUZ INFRARROJA | LUZ VISIBLE | LUZ ULTRAVIOLETA | RAYOS X | RAYOS GAMMA |

Las ondas de radio tienen longitudes de onda largas.

Los rayos gamma tienen una longitud de onda corta.

| ULTRAVIOLETA DE ONDA LARGA (UV-A) | ULTRAVIOLETA DE ONDA MEDIA (UV-B) | ULTRAVIOLETA DE ONDA CORTA (UV-C) |

El 95 % de la radiación ultravioleta que nos llega del Sol es UV-A.

Es la causa principal de las quemaduras solares y otros daños en la piel.

La radiación ultravioleta más alta del Sol es bloqueada por el gas ozono de la atmósfera. La UV-C se usa en la mayoría de las lámparas esterilizadoras para matar gérmenes.

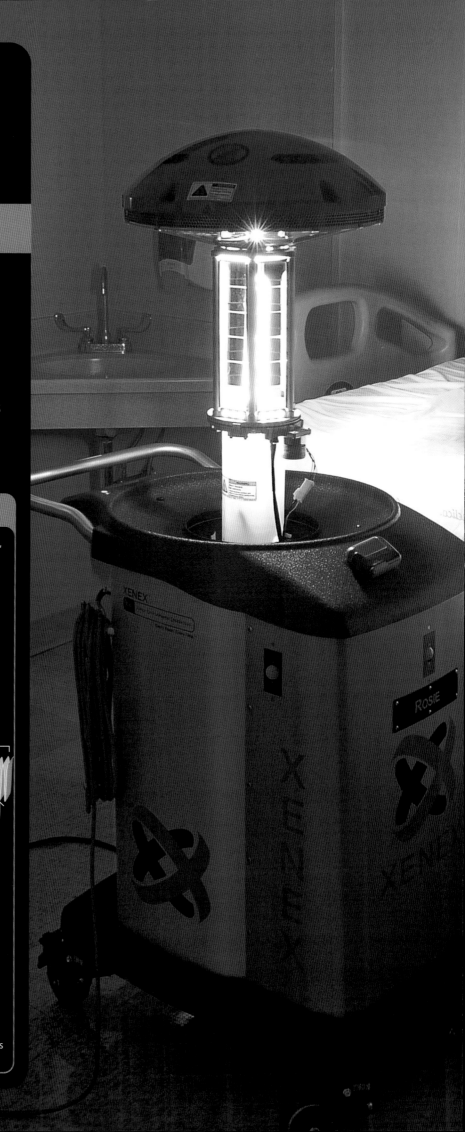

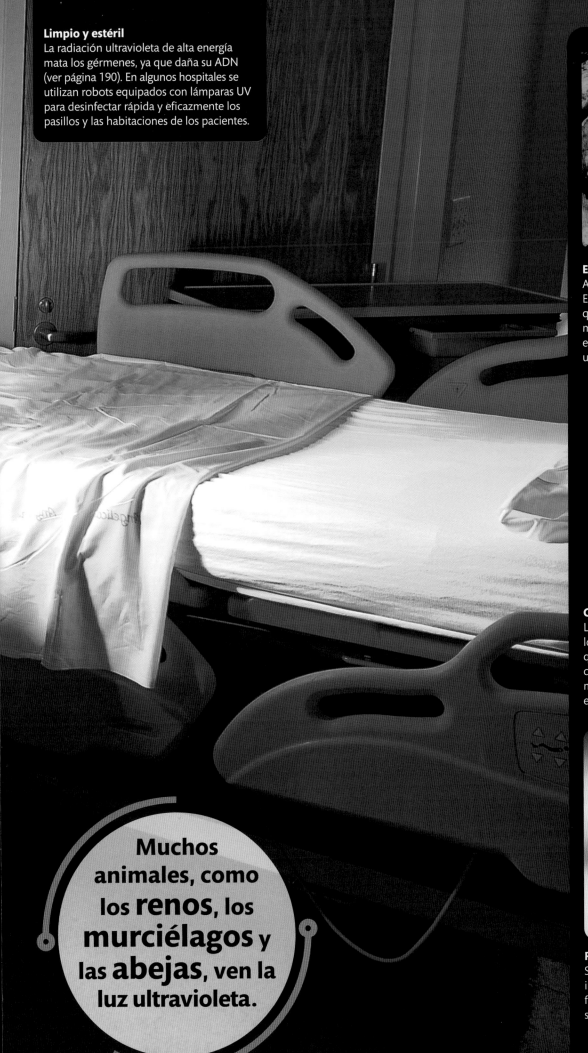

Muchos animales, como los **renos**, los **murciélagos** y las **abejas**, ven la luz ultravioleta.

Examinando rocas
Algunos minerales brillan bajo lámparas ultravioleta. El mineral willemita irradia un color verde, mientras que la fluorita puede brillar con un color blanco o morado. Esto se debe a la fluorescencia, un proceso en el que una sustancia absorbe la radiación ultravioleta y luego emite luz visible.

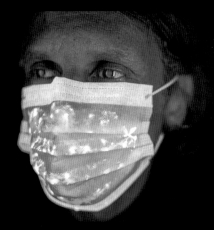

Controles de higiene
Las lámparas UV se pueden utilizar para comprobar lo limpia que está una superficie. La radiación permite que se hagan visibles las bacterias y los fluidos corporales, como la saliva. Esta imagen ultravioleta muestra cómo la saliva y otros líquidos se acumulan en el interior de una mascarilla.

Real o falso
Se puede comprobar si un billete es auténtico o falso iluminándolo con luz ultravioleta para ver los patrones fluorescentes impresos en él. Son un elemento de seguridad que evita la falsificación.

Bucear en las profundidades
Los buceadores utilizan bombonas de oxígeno para poder nadar durante períodos más largos. Las bombonas les dan tiempo para buscar naufragios, explorar y estudiar de cerca a los peces.

El dióxido de carbono exhalado se libera en el agua.

La bombona va bien sujeta a la espalda del buceador.

Los buzos respiran a través de un respirador conectado a la bombona.

Los campeones de apnea pueden **contener** la respiración hasta **11 minutos.**

RESPIRAR BAJO EL AGUA

BOMBONAS DE OXÍGENO

El oxígeno es vital para la vida, por lo que la capacidad de transportarlo es crucial en lugares donde no se puede respirar de forma natural, como el espacio y bajo el agua. El oxígeno gaseoso puede almacenarse en bombonas a presión y suministrarse con tubos. Un regulador ayuda a suministrar el oxígeno a la presión correcta, lo que lo hace seguro para respirar. Las bombonas también se utilizan en los hospitales para pacientes con dificultades respiratorias.

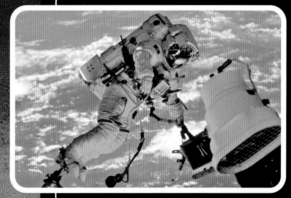

RESPIRAR EN EL ESPACIO
Un astronauta lleva en la espalda una bombona de oxígeno conectada con el casco. El aire de la Tierra tiene solo un 21 % de oxígeno, y el resto es en su mayor parte nitrógeno. El traje espacial de un astronauta está prácticamente lleno de oxígeno.

LOS PULMONES

Obtenemos oxígeno al tomar aire (inhalar) y canalizarlo hacia los pulmones. Allí, el oxígeno se transfiere a la sangre, que lo hace circular por el resto del cuerpo. El dióxido de carbono, un gas de desecho, vuelve a los pulmones desde la sangre y se elimina cuando expulsamos aire (exhalamos).

↓ ENTRADA DE AIRE   **↑ SALIDA DE AIRE**

El aire se mueve a través de la tráquea.

La tráquea se divide en bronquios.

En los extremos de los bronquios, los gases pasan de los pulmones a la sangre.

El oxígeno se aspira por la nariz y por la boca.

Se expulsa el dióxido de carbono.

Las cuerdas pasan a través de los desnatadores del barco, que exprimen el petróleo para recogerlo en los tanques.

El vertido de petróleo del *Exxon Valdez* afectó a 2100 km de costa y su limpieza requirió más de **3 años.**

Las cuerdas están hechas de un material que atrae el petróleo que flota sobre el agua.

El petróleo flota sobre el agua porque ambos no se mezclan.

Operación de limpieza
En 1989, el petrolero *Exxon Valdez* chocó contra un arrecife frente a Alaska y vertió más de 41 millones de litros de petróleo en el océano Pacífico. Se utilizaron desnatadores para la limpieza que eliminaban la capa de petróleo que flotaba en la superficie del agua. Cada uno tenía una cuerda que se arrastraba por la superficie del agua para recoger el petróleo y después la subía al barco para escurrirla. A pesar del riguroso desnatado, parte del petróleo permaneció en el agua, dañó la vida salvaje y causó una contaminación que duró décadas.

VERTIDOS DE CRUDO

DESNATADORES

Los vertidos de crudo de petroleros y plataformas petrolíferas deben eliminarse del océano y los mares rápidamente porque cuanto más tiempo permanecen en el agua más se extienden. Es vital limpiar los vertidos para minimizar el daño a la vida salvaje y al medio ambiente. El petróleo también constituye peligro de incendio y puede envenenar el agua potable. Los vertidos se tratan con desnatadores de petróleo, dispositivos que eliminan el crudo que flota en el agua. El petróleo se adhiere al material de los desnatadores y se elimina fácilmente.

PRECIO AMBIENTAL
El petróleo derramado se adhiere al plumaje de las aves y otras criaturas, lo que les dificulta nadar, volar o reproducirse. También envenena sus fuentes de alimentos, por lo que las toxinas se acumulan en la cadena alimentaria y causan problemas a largo plazo.

DENSIDAD

Los desnatadores funcionan porque el petróleo es menos denso que el agua y forma una capa separada en la superficie. La densidad de una sustancia es la cantidad de materia que cabe en el espacio que ocupa. Las partículas del agua están más apretadas que las del aceite, por lo que el agua es más densa que el aceite. Los líquidos de diferentes densidades a menudo forman capas separadas cuando se unen. Como resultado, el aceite flota en la superficie del agua.

El petróleo y el agua no se mezclan.

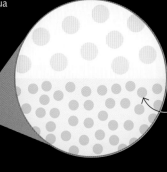

Las moléculas de agua son más compactas que las del petróleo.

ESTUDIAR LOS HÁBITATS

CÚPULAS DE BIOMAS

La Tierra tiene muchos hábitats diferentes, desde secos desiertos hasta frondosos bosques. Las regiones con un entorno específico donde una variedad especializada de plantas y animales se han adaptado para vivir se denominan biomas. Para estudiar los organismos de estas áreas, los científicos crean biomas artificiales. El Proyecto Eden, en Cornualles, Reino Unido, recrea biomas en cúpulas cerradas. El objetivo es conservar las plantas vulnerables y crear conciencia sobre las amenazas a las que se enfrentan.

ECOEXPERIMENTO

Biosfera 2, en Arizona, Estados Unidos, fue originalmente un experimento para crear un ecosistema autónomo que constaba de siete biomas. Seres humanos, plantas y animales convivieron durante 2 años, pero no se logró formar un ecosistema sostenible.

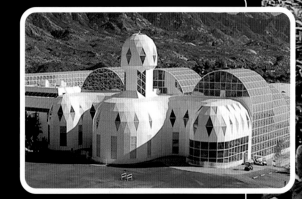

BIOMAS

En tierra firme, hay cuatro regiones principales, que se muestran en esta pirámide, desde las más cálidas regiones tropicales hasta las más frías regiones árticas. Factores como la lluvia, la humedad, la temperatura y la altitud impactan sobre los hábitats específicos dentro de ellas.

Los bosques boreales están en las regiones subárticas más frías.

La fría tundra ártica está formada por llanuras sin árboles que se congelan con frecuencia.

En las regiones templadas hay bosques y prados más secos.

AUMENTO DE LA TEMPERATURA

Las zonas más cálidas y secas son los desiertos.

Las selvas tropicales están cerca del ecuador.

SEQUEDAD CRECIENTE

Selva interior

Con más de 1000 plantas, el gigantesco bioma tropical, con control de temperatura, del Proyecto Edén recrea las condiciones de cuatro entornos diferentes: islas tropicales, sudeste de Asia, África occidental y América del Sur tropical.

Con 16 000 metros cuadrados, la Cúpula Tropical es la selva interior más grande.

BURBUJAS DE BIOMAS
Los invernaderos en forma de burbuja del Proyecto Edén están en una gran cuenca arcillosa. Están hechos de acero reforzado y cubiertos con un plástico muy ligero y resistente que deja entrar la luz pero atrapa el calor y la humedad. La construcción se hizo con materiales reciclados.

Se han construido casi **500** estructuras de **biorroca** en el mundo.

Arrecife artificial
Esta estructura en forma de jaula en el océano Índico, cerca de Indonesia, está cubierta con carbonato de calcio, lo que estimula el crecimiento de los corales amenazados, como el coral cuerno de alce y el coral cuerno de ciervo. De esta manera, los bosques de coral que alguna vez fueron densos cobran vida nuevamente.

RESTAURAR LOS ARRECIFES

BIORROCAS

Los arrecifes de coral son uno de los ecosistemas más diversos del mundo, y albergan aproximadamente una cuarta parte de los peces del océano. Sin embargo, en los últimos años, la contaminación, las enfermedades y el cambio climático han debilitado y matado a los corales, amenazando estos importantes hábitats. Esto ha inspirado a los científicos a desarrollar las biorrocas, un método de restauración de arrecifes inventado en Jamaica en la década de 1980.

ELECTRÓLISIS

Las biorrocas funcionan mediante un proceso de electrólisis, en el que la electricidad separa las sustancias de una solución. Se colocan dos electrodos de metal en la solución y se conectan a una fuente de electricidad. Los átomos o moléculas con carga negativa (iones) se acumulan en el electrodo positivo (ánodo). Los iones cargados positivamente se acumulan en el electrodo negativo (cátodo).

Fuente de electricidad (batería)

Cátodo

Ánodo

El ánodo atrae iones negativos.

El cátodo atrae iones positivos.

Cómo funcionan las biorrocas
En un arrecife de biorrocas, los fragmentos de coral vivo se adhieren a una jaula de metal. Cuando la jaula se conecta a una fuente de electricidad, se convierte en un cátodo y comienza la electrólisis. La electrólisis provoca reacciones químicas en el agua junto a la jaula. Estas permiten que los iones de calcio y de carbonato del agua de mar se unan, formando el carbonato de calcio mineral en la jaula. Los corales luego usan este mineral para construir sus esqueletos.

Cátodo

Los paneles solares dan electricidad a la jaula.

Fragmentos de coral

Una malla metálica actúa como ánodo.

Conservación de los bosques de algas
Una raya murciélago de California nada en
un bosque de algas gigantes en el Santuario
Marino Nacional de las Islas del Canal.
Como los arrecifes de coral, los bosques de
algas marinas son un hábitat oceánico
importante para el planeta.

Apagando las llamas

Un avión de extinción de incendios vierte retardante sobre áreas a las que se acerca el fuego en un bosque cerca de Colfax en California, Estados Unidos, en 2014. Aunque puede parecer polvo cuando cae, el retardante es un líquido. Contiene un espesante que ayuda a que se adhiera a los objetos y un tinte de color que muestra dónde cae.

Una sustancia química llamada «óxido rojo» le da al retardante su color rojo, lo que ayuda a los pilotos a ver dónde lo han echado.

EXTINTORES

Un incendio pequeño se puede detener con un extintor. Este actúa como un aerosol y expulsa su contenido directamente sobre el fuego. Algunos contienen agua para eliminar el calor, mientras que otros pueden contener dióxido de carbono u otros retardantes del fuego.

COMBATIR LOS INCENDIOS

RETARDANTES

Aunque los incendios forestales forman parte de la vida de un bosque, la mayoría de los incendios forestales en la actualidad son causados por humanos y pueden ser peligrosos para la vida salvaje y para los seres humanos. Para frenar su propagación, se rocían retardadores de fuego desde grandes alturas sobre los bosques. Mediante una reacción química, estos retardantes recubren los árboles y otras plantas con una sustancia no inflamable. Esto elimina el acceso al combustible, una de las tres cosas que un fuego necesita para arder.

El avión de extinción más grande puede transportar hasta **91 000** litros de retardante.

TRIÁNGULO DEL FUEGO

Un fuego necesita tres elementos para arder: combustible, calor y oxígeno, como se muestra en los lados de este triángulo. Si se quita uno de ellos, el fuego no podrá arder.

El calor se puede reducir agregando agua.

Los extintores cortan el oxígeno del fuego, sofocándolo.

Los retardantes de fuego evitan que los incendios accedan al combustible.

OXÍGENO

CALOR

COMBUSTIBLE

Cómo funcionan los retardantes de fuego

Para extinguir con éxito un incendio forestal, el retardante debe rociarse sobre la vegetación antes de que esta se incendie. Las sustancias del retardante reaccionan con una sustancia química de las plantas llamada «celulosa». Cuando el fuego llega a las plantas, el calor descompone los productos de esta reacción química, formando una capa protectora de char, una forma de carbono. Esto evita que el fuego llegue al combustible que necesita para quemar y evita que se propague.

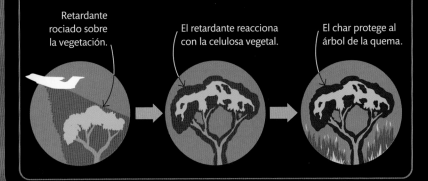

Retardante rociado sobre la vegetación.

El retardante reacciona con la celulosa vegetal.

El char protege al árbol de la quema.

CAPTURAR CARBONO
Las centrales eléctricas de carbón como Petra Nova en Texas, pueden equiparse con filtros para reducir el dióxido de carbono que emiten. El gas se recolecta y se comprime y bombea, a menudo para ser almacenado bajo tierra. Los científicos también trabajan para desarrollar máquinas que puedan succionar dióxido de carbono directamente del aire.

El Desafío de Bonn quiere restaurar un área de bosque del tamaño de **490 millones** de campos de fútbol.

Magníficos manglares
Voluntarios plantan nuevos manglares en Indonesia. Los manglares no solo capturan CO_2, sino que también protegen la tierra de las inundaciones y la erosión y son un hogar importante para la vida salvaje.

CONTROLAR LAS EMISIONES

CAPTURA DE CARBONO

El dióxido de carbono (CO_2, ver página 168) es un gas de efecto invernadero, uno de los que hace aumentar la temperatura del planeta. Las actividades humanas, como la quema de combustibles fósiles, están aumentando el nivel de CO_2, lo que provoca un aumento de la temperatura global. Los científicos están explorando diferentes formas de reducir los niveles de CO_2, como la plantación de más árboles, que capturan el dióxido de carbono del aire mediante la fotosíntesis (ver página 52).

CALENTAMIENTO GLOBAL
Las mediciones muestran que las temperaturas de la superficie de la Tierra aumentan 0,2 °C cada diez años. Esto tiene muchos efectos en el clima de nuestro planeta, como la desaparición del hielo ártico y antártico y el aumento del nivel del mar.

EFECTO INVERNADERO

La Tierra se calienta por la radiación del Sol, que atraviesa nuestra atmósfera. Parte de esa radiación se escapa de nuevo al espacio, pero otra parte queda atrapada por los gases en la atmósfera de forma similar a como el vidrio de un invernadero atrapa el calor. Este proceso se llama efecto invernadero. Es importante para la vida en la Tierra, pero si hay demasiado dióxido de carbono en la atmósfera, se atrapa demasiado calor, lo que provoca que la Tierra se caliente.

3. Algo de calor se escapa al espacio.

2. La energía térmica se irradia de nuevo hacia el espacio.

4. La atmósfera atrapa parte del calor.

1. La radiación del Sol entra en la atmósfera.

APRENDER Y DESCUBRIR

La ciencia nos ayuda a comprender el mundo. Hay aviones que vuelan sobre los huracanes para predecir mejor el clima, los científicos bajan al océano y a los volcanes para estudiarlos, y los telescopios y los microscopios nos permiten ver cosas muy lejanas o muy pequeñas. Con herramientas científicas podemos ver cómo viven los animales en la naturaleza e incluso ver qué sucede en el cerebro.

Pequeños buceadores
Dos pequeños sumergibles exploran los restos de naufragio frente a la costa de las Bahamas con dos pasajeros a bordo. Con este tipo de sumergibles se puede llegar a una profundidad de hasta 1000 m. Funcionan con baterías que duran hasta 12 horas.

EN LAS PROFUNDIDADES
VEHÍCULOS SUBACUÁTICOS

Para aprender más sobre las profundidades inexploradas del océano, se han construido vehículos especiales que permiten llegar a esos entornos extremos. Estos vehículos están construidos con materiales resistentes, lo bastante fuertes para soportar la inmensa presión del agua sobre ellos. Unos pequeños vehículos llamados sumergibles tienen bordes redondeados que les permiten soportar presiones más altas, mientras que los submarinos tienen formas aerodinámicas con las que pueden moverse a altas velocidades por el agua. Algunos pueden transportar personas, mientras que otros se controlan de forma remota.

La máxima **profundidad** que ha alcanzado un sumergible es de **más de 10 000 m.**

SUBMARINOS

Los submarinos son más grandes y más potentes que los sumergibles y pueden pasar meses bajo el agua con aire y comida suficientes para grandes tripulaciones. La mayoría de los submarinos se utilizan con fines militares, pero también se pueden utilizar para exploraciones, investigaciones científicas y rescates de restos hundidos.

PRESIÓN DEL AGUA

La presión es la medida que expresa la fuerza que ejerce un cuerpo sobre una superficie. El agua presiona la superficie de los objetos sumergidos. La presión a menudo se mide en unidades llamadas atmósferas (atm): 1 atm es la presión ejercida por el aire al nivel del mar. Cuanto más te sumerges en el océano, mayor será la presión, por al aumento de peso del agua. Por cada 10 m de profundidad, la presión del agua aumenta en 1 atm. Por eso los vehículos que se sumergen a gran profundidad deben ser muy resistentes.

La mayoría de los buceadores solo se sumergen hasta unos 30 m. Más abajo, la presión puede ser dañina para el cuerpo.

Algunos sumergibles pueden descender hasta 500 m.

Algunos submarinos pueden alcanzar una profundidad de 1 km.

Algunos sumergibles pueden alcanzar profundidades de casi 10 km y resistir una presión de 1000 atm.

En el infierno
Un explorador desciende a un volcán activo en una isla de Vanuatu. Para descender a un entorno tan extremo es necesario usar un traje resistente al calor y una máscara para protegerse de los gases venenosos.

La lava de un volcán puede alcanzar 1250 °C, **12 veces** más caliente que el agua hirviendo.

APRENDER Y DESCUBRIR 163

DENTRO DEL VOLCÁN
PREVER ERUPCIONES VOLCÁNICAS

Cuando los volcanes entran en erupción, escupen peligrosas cenizas calientes, lava y gases venenosos. En 2019, más de 290 millones de personas vivían cerca de volcanes activos, por lo que es importante pronosticar las erupciones. Si bien es difícil saber exactamente cuándo entrará en erupción un volcán, los vulcanólogos recopilan pistas midiendo terremotos en regiones volcánicas, con satélites en el espacio para monitorear los volcanes y sus alrededores, e incluso recogen muestras de gas.

ACTIVIDAD VOLCÁNICA
Los volcanes pueden estar extintos (es poco probable que vuelvan a entrar en erupción), activos (entran con frecuencia en erupción), o inactivos (no han entrado en erupción durante algún tiempo). El volcán Chaitén, en Chile, llevaba más de 350 años inactivo, pero en 2008 entró en erupción.

CÓMO SE FORMAN LOS VOLCANES

Un volcán se forma al abrirse paso la roca fundida a través de la corteza terrestre. Bajo la superficie, la roca fundida se llama magma y por encima del suelo se llama lava. El magma de una erupción forma ceniza y roca volcánica. Las capas de lava fría pueden formar un cono o montaña volcánica.

La cámara de magma debajo del volcán contiene roca fundida.

En una erupción se forman nubes de ceniza y polvo.

Desde el cráter, la lava fluye y la piedra y la ceniza pueden explotar.

La lava fluye por la ladera.

Capas de lava enfriada, piedra y ceniza.

ESTUDIAR LAS TORMENTAS

AVIONES METEOROLÓGICOS

Los científicos registran y analizan datos para pronosticar el comportamiento de muchos fenómenos meteorológicos, incluidos los ciclones tropicales (también conocidos como huracanes). La Administración Nacional Oceánica y Atmosférica de Estados Unidos (NOAA) tiene aviones especiales que vuelan a través de estas tormentas para recopilar datos y ayudar a los científicos a comprender y predecir su actividad. Dos de los aviones más grandes de la NOAA, conocidos como «Cazadores de Huracanes», son laboratorios voladores con radares que pueden escanear la tormenta y dar información en tiempo real a los científicos.

Un paracaídas ralentiza el descenso de la sonda, lo que le permite recopilar la mayor cantidad de datos posible.

SONDAS DE CAÍDA

Cuando los «Cazadores de Huracanes» vuelan a través de la tormenta, sueltan pequeñas cápsulas llamadas sondas de caída, equipadas con sensores que miden la presión, la temperatura, la humedad y la dirección del viento y transmiten la información al avión.

HURACANES

Los ciclones tropicales, también conocidos como huracanes o tifones, son grandes tormentas giratorias de viento, lluvia y nubes. Se forman sobre los océanos tropicales, donde el aire cálido y ascendente crea un área de baja presión. Después, el aire alrededor del centro gira en espiral hacia adentro y hacia arriba, formando franjas de nubes de lluvia que son empujadas en un patrón espiral por feroces vientos.

El aire cálido se eleva alrededor de la tormenta.

El aire de la parte superior sale en espiral desde el ojo del huracán en la dirección opuesta a los vientos inferiores, se enfría y luego desciende.

Los fuertes vientos en la superficie del agua forman enormes olas.

El agujero del centro es el ojo. En su interior, el aire está en calma.

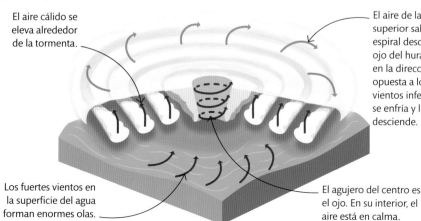

En el ojo de la tormenta
Los dos grandes «Cazadores de Huracanes» son aviones Lockheed WP-3D Orion propulsados por hélices. Cruzan una y otra vez el centro de la tormenta para recopilar datos sobre las condiciones cambiantes del viento y la presión. Cada misión puede durar hasta 10 horas.

El tubo contiene una antena GPS para enviar información al avión.

Una gran cúpula en la parte inferior del avión alberga un radar que ayuda a generar imágenes precisas de las nubes y de la lluvia de la tormenta.

Las tormentas tropicales giran en el sentido de las agujas del reloj en el hemisferio sur, y en sentido antihorario en el hemisferio norte.

Los «Cazadores de Huracanes» pueden alcanzar altitudes de hasta 3048 m.

Naufragio submarino
Esta imagen digital de un naufragio frente a la costa de Virginia, en Estados Unidos, se creó con un sonar remolcado por el mar. El naufragio se encuentra a 40-50 m bajo la superficie en aguas turbias, pero puede verse claramente usando un sonar.

Naufragio submarino
Esta imagen digital de un naufragio frente a la costa de Virginia, en Estados Unidos, se creó con un sonar remolcado por el mar. El naufragio se encuentra a 40-50 m bajo la superficie en aguas turbias, pero puede verse claramente usando un sonar.

VER CON EL SONIDO

SONAR

El sonar (Navegación y Posicionamiento por Sonido) es una tecnología que utiliza ondas sonoras para detectar objetos. Un dispositivo llamado transductor emite pulsos de ondas sonoras y otro llamado detector detecta los ecos, que se usan para medir la distancia al objeto. Con esta información, una computadora también puede hacer un modelo del objeto. El sonar se usa a menudo bajo el agua, donde el sonido puede viajar grandes distancias, para cartografiar el fondo marino y evitar obstáculos.

SONOGRAMA
Las ondas de sonido muy agudas (demasiado agudas para que los humanos las escuchen) se usan en medicina en una técnica similar al sonar submarino. Las ondas sonoras rebotan en diferentes partes del cuerpo humano y crean una imagen llamada ecografía. Estas imágenes se pueden utilizar para comprobar el desarrollo de los bebés antes de nacer.

Los delfines
y los murciélagos
se sirven de la
ecolocalización
(una forma de sonar)
para orientarse en
su entorno.

ONDAS DE SONIDO

El sonido es producido por objetos que vibran. Las vibraciones viajan en forma de ondas a través de los sólidos, los líquidos y los gases. Las vibraciones más grandes producen sonidos más fuertes y las vibraciones más rápidas producen sonidos más agudos.

Los sonidos musicales viajan en forma de vibraciones por el aire.

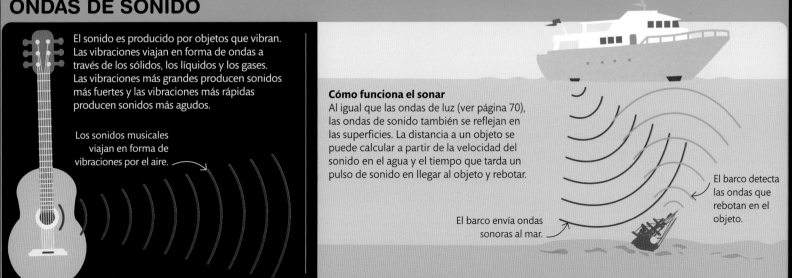

Cómo funciona el sonar
Al igual que las ondas de luz (ver página 70), las ondas de sonido también se reflejan en las superficies. La distancia a un objeto se puede calcular a partir de la velocidad del sonido en el agua y el tiempo que tarda un pulso de sonido en llegar al objeto y rebotar.

El barco detecta las ondas que rebotan en el objeto.

El barco envía ondas sonoras al mar.

PISTAS SOBRE EL CLIMA

NÚCLEOS DE HIELO

En el hielo de los polos o los glaciares los gases del aire quedan atrapados en pequeñas burbujas. Estas pueden darnos pistas sobre el clima de la Tierra en el pasado. Los expertos perforan el hielo para extraer largos cilindros helados y los examinan para descubrir qué gases estaban presentes en la atmósfera en diferentes momentos. Esto nos dice, por ejemplo, cómo han variado los niveles de gases de efecto invernadero.

1 Perforar el hielo
En la Antártida, los científicos utilizan un taladro especial para extraer un bloque cilíndrico de hielo de las capas heladas. El hielo más antiguo se encuentra en el centro de la capa de hielo, por lo que la perforación debe realizarse lejos de la costa y lejos de cualquier base de investigación.

GASES ATMOSFÉRICOS

La atmósfera de la Tierra está compuesta principalmente de nitrógeno y oxígeno, junto con pequeñas cantidades de otros gases, como helio, ozono y dióxido de carbono (un gas de efecto invernadero). Pero la proporción de estos gases ha cambiado a lo largo de la historia. Los científicos pueden contar capas en el hielo, como anillos en un árbol, para determinar la edad de cada capa. Gracias a esto, han descubierto que desde la Revolución Industrial, en la década de 1760, los niveles de dióxido de carbono en la atmósfera han aumentado de forma constante.

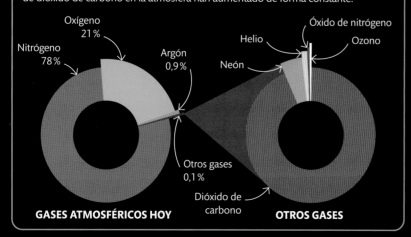

Oxígeno 21%
Nitrógeno 78%
Argón 0,9%
Otros gases 0,1%
Helio
Neón
Óxido de nitrógeno
Ozono
Dióxido de carbono

GASES ATMOSFÉRICOS HOY
OTROS GASES

El núcleo de hielo más antiguo, en la Antártida tiene unos **2 millones** de años.

2 Preparar el núcleo para el estudio

El bloque de hielo se retira con cuidado del taladro y se prepara como muestra. Los núcleos de hielo deben mantenerse por debajo de −18 °C para evitar que los gases de las burbujas de aire se escapen del hielo. Los núcleos se transportan en un congelador.

3 Almacenamiento

Los núcleos, que pueden tener kilómetros de largo, se cortan en pequeñas secciones de 1 m y se almacenan a −36 °C. Este laboratorio en Colorado, Estados Unidos, almacena 19 km de núcleos de hielo para investigación.

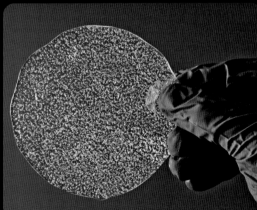

4 Analizar muestras

Los núcleos se cortan en finas rodajas para analizar las burbujas de aire atrapadas. Cada segmento da una imagen de la atmósfera y las condiciones climáticas en un momento de la historia, incluida información sobre la actividad volcánica y los patrones de viento.

ESTUDIAR LA ATMÓSFERA

GLOBOS METEOROLÓGICOS

La Tierra está rodeada por una capa de gases llamada atmósfera. Los dos gases principales son el nitrógeno y el oxígeno, además de otros en cantidades muy pequeñas. La atmósfera sustenta la vida en la Tierra al absorber la radiación dañina del Sol, atrapando el calor y generando presión, lo que permite que la Tierra tenga agua líquida. Comprender la atmósfera puede ayudarnos a entender los patrones climáticos, la contaminación o el cambio climático. Una forma es con globos meteorológicos, que pueden transportar instrumentos científicos a lo alto de la atmósfera y enviar datos a los científicos en tierra.

LA ATMÓSFERA DE LA TIERRA

La atmósfera está formada por distintas capas cada vez menos densas a medida que se alejan de la Tierra, hasta que la capa exterior se fusiona con el espacio. La capa más cercana a la Tierra es la troposfera, que contiene el aire que respiramos.

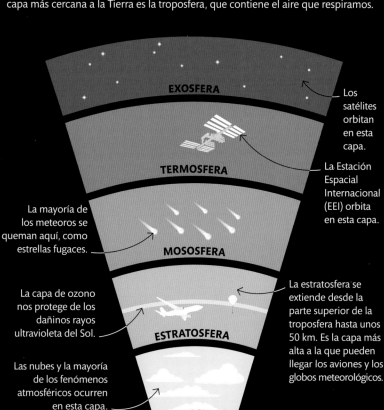

EXOSFERA

Los satélites orbitan en esta capa.

TERMOSFERA

La Estación Espacial Internacional (EEI) orbita en esta capa.

La mayoría de los meteoros se queman aquí, como estrellas fugaces.

MOSOSFERA

La capa de ozono nos protege de los dañinos rayos ultravioleta del Sol.

La estratosfera se extiende desde la parte superior de la troposfera hasta unos 50 km. Es la capa más alta a la que pueden llegar los aviones y los globos meteorológicos.

ESTRATOSFERA

Las nubes y la mayoría de los fenómenos atmosféricos ocurren en esta capa.

TROPOSFERA

Reuniendo datos
Los globos meteorológicos llevan instrumentos científicos para medir la presión atmosférica, la humedad y la temperatura. También pueden identificar los gases presentes a diferentes alturas en la atmósfera. Esta foto de lapso de tiempo muestra un globo lanzado en la Antártida. Lleva un instrumento para medir los niveles de ozono.

Los instrumentos transportados por el globo pueden rastrearse por radar o por GPS.

Algunos globos meteorológicos pueden alcanzar **altitudes** de más de **52 km.**

Seguir las tormentas
Los globos meteorológicos miden la velocidad del viento y recopilan información sobre otras condiciones atmosféricas. Estos datos pueden proporcionar alertas tempranas de condiciones climáticas severas, como este tornado en Oklahoma, Estados Unidos.

El globo generalmente está lleno de helio o hidrógeno, ambos gases más livianos que el aire.

ESTUDIAR EL CIELO

TELESCOPIOS

Durante siglos, los humanos han mirado el cielo y han estudiado objetos del espacio. Pero el telescopio nos ha permitido mirar más lejos en el universo, haciendo que los objetos distantes sean cada vez más visibles. En un telescopio, la luz de un objeto distante, como un cometa, un planeta o una estrella, se recoge y se enfoca, formando una imagen brillante que luego se puede ampliar. Hay distintos tipos de telescopios: los telescopios reflectores usan espejos curvos y los telescopios refractores usan lentes. Algunos telescopios detectan otros tipos de radiación electromagnética, como ondas de radio.

ESPEJOS DE TELESCOPIO

Los rayos u ondas de luz rebotan en los objetos (ver página 70). Los espejos reflejan casi toda la luz que llega a ellos, y los espejos curvos se pueden usar para enfocar la luz en un punto. Un espejo cóncavo está curvado hacia dentro como un cuenco, mientras que un espejo convexo se curva hacia fuera como una cúpula.

Los rayos de luz se enfocan para formar una imagen.

ESPEJO CONVEXO

Los rayos de luz se enfocan frente al espejo.

Punto focal

ESPEJO CÓNCAVO

Cómo funcionan los telescopios reflectores
Un telescopio reflector tiene un espejo primario cóncavo grande y otro secundario más pequeño. El espejo primario recibe la luz entrante de un objeto en el espacio y la enfoca en el espejo secundario. El espejo secundario refleja luego esa luz hacia una cámara, lo que permite que el telescopio tome fotografías del objeto distante.

1. Rayos de luz entrantes desde el espacio.

2. El espejo primario enfoca la luz.

3. El espejo secundario refleja la luz y la enfoca en una cámara.

Ojo en el espacio

Encaramado en la cima de un volcán extinto en Canarias, en España, el Gran Telescopio Canarias, el telescopio reflector más grande del mundo, está ubicado lejos de la contaminación y las luces de la ciudad, lo que lo hace ideal para observar objetos en el espacio con gran detalle. Su espejo primario está formado por 36 segmentos hexagonales que se comportan colectivamente como un solo espejo de 10,4 m de diámetro.

El Gran Telescopio Canarias puede captar luz que ha viajado por el espacio durante **millones** de años.

SEÑALES ESPACIALES
Los radiotelescopios detectan ondas de radio emitidas por objetos como galaxias y estrellas. El radiotelescopio de antena única más grande del mundo está en Guizhou, China. Su gran antena en forma de cuenco está formada por 4450 paneles que se mueven a la vez para enfocar un objeto en el espacio.

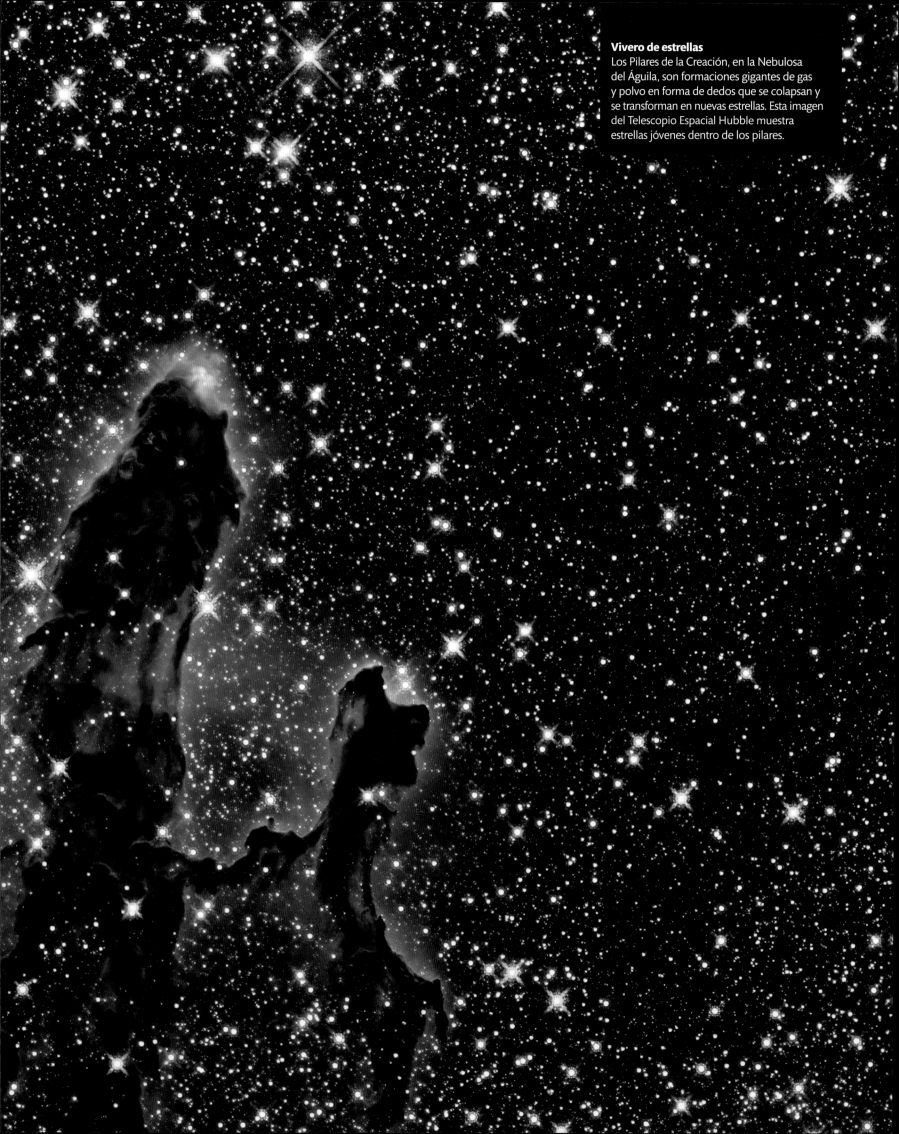

Vivero de estrellas
Los Pilares de la Creación, en la Nebulosa del Águila, son formaciones gigantes de gas y polvo en forma de dedos que se colapsan y se transforman en nuevas estrellas. Esta imagen del Telescopio Espacial Hubble muestra estrellas jóvenes dentro de los pilares.

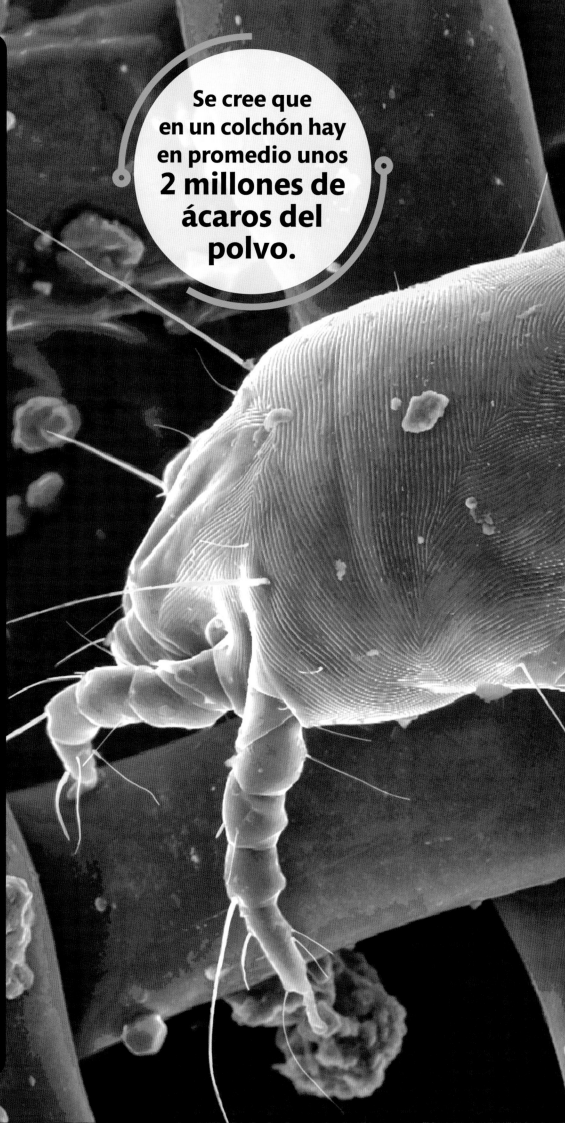

1 En la superficie

A simple vista, esta alfombra parece perfectamente limpia, pero al hacer zoom con un microscopio, se revela el mundo oculto de suciedad, polvo y criaturas que se arrastran bajo nuestros pies.

2 Un poco más cerca

Con un microscopio, se pueden ver claramente las fibras de la alfombra, fragmentos de polvo y algunos animales microscópicos. Este nivel de aumento es posible con un microscopio óptico.

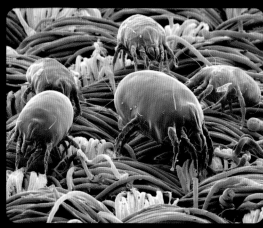

3 Ver lo invisible

Con un microscopio más avanzado, los diminutos ácaros del polvo, parientes lejanos de las arañas, se hacen visibles. Estas criaturas que se alimentan de pequeñas escamas de piel muerta que nos caen constantemente son una causa común de alergias.

Se cree que en un colchón hay en promedio unos **2 millones de ácaros del polvo.**

MÁS CERCA
MICROSCOPIOS

Llevamos siglos usando microscopios para estudiar las cosas más pequeñas, desde las células del cuerpo hasta microorganismos más pequeños que un grano de arena. Los distintos microscopios pueden mostrar diferentes niveles de detalle. Los microscopios ópticos usan lentes y pueden magnificar cosas 1500 veces, mientras que los más potentes microscopios electrónicos emplean haces de electrones, que pueden ayudar a magnificar objetos hasta un millón de veces su tamaño original.

SEM
En un laboratorio de Rusia, este científico utiliza un microscopio electrónico de barrido (SEM) para analizar fragmentos de un objeto. Los SEM se pueden usar para estudiar bacterias, diferenciar muestras de rocas e incluso ayudar a ensamblar partes diminutas de ordenadores.

ELECTRONES

Los átomos son los componentes básicos del universo, unas pequeñas estructuras que forman todo lo que nos rodea. Están constituidos por tres partículas más pequeñas. Un átomo tiene un núcleo central que contiene protones (partículas de carga positiva) y neutrones (sin carga). Unas diminutas partículas cargadas negativamente, los electrones, se mueven en órbitas alrededor del núcleo. Cada tipo de átomo tiene una cantidad diferentes de estas partículas. Los electrones se utilizan en un microscopio electrónico de barrido.

Un electrón tiene carga negativa.

Un protón tiene carga positiva.

Los protones y los neutrones juntos forman el núcleo de un átomo.

Los neutrones no tienen carga.

ÁTOMO DE CARBONO

4 Criaturas en primer plano
Con un microscopio electrónico, se pueden ver los detalles de un ácaro del polvo, que mide un cuarto de milímetro de largo. Así podemos conocer la anatomía de este ser.

LIBERAR EL PASADO

DATAR FÓSILES

Toda la materia está formada por átomos (ver página 177). De cada elemento hay varias formas diferentes de átomos, llamadas isótopos, cada uno con un número diferente de neutrones. Algunos isótopos son radiactivos, lo que significa que se rompen o se desintegran. Cuando los animales o las plantas mueren, dejan muchos isótopos en sus cuerpos, incluidos isótopos de carbono. Al medir los niveles de estos isótopos en un fósil, los científicos pueden saber cuándo murió el organismo.

EL CICLO DEL CARBONO

El elemento carbono, con mayor frecuencia en forma de CO_2, pasa constantemente entre los seres vivos y el aire, el suelo y el agua, siempre que los seres vivos respiran, comen o mueren. Este es el ciclo del carbono. Cuando algo muere, deja de absorber carbono, por lo que la mezcla de isótopos de carbono se fija. Con el paso del tiempo, algunos isótopos se descomponen, por lo que medir su concentración permite a los científicos datar cuándo murió el animal o la planta.

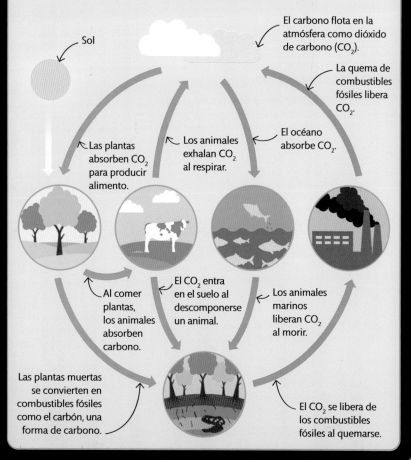

Sol

El carbono flota en la atmósfera como dióxido de carbono (CO_2).

La quema de combustibles fósiles libera CO_2.

Las plantas absorben CO_2 para producir alimento.

Los animales exhalan CO_2 al respirar.

El océano absorbe CO_2.

Al comer plantas, los animales absorben carbono.

El CO_2 entra en el suelo al descomponerse un animal.

Los animales marinos liberan CO_2 al morir.

Las plantas muertas se convierten en combustibles fósiles como el carbón, una forma de carbono.

El CO_2 se libera de los combustibles fósiles al quemarse.

Fósiles de dinosaurio
Estos fósiles encontrados en Sahatsakhan, Tailandia, pertenecen a un tipo de dinosaurio herbívoro llamado saurópodo. En el laboratorio, los científicos estudiarán los isótopos de uranio de los fósiles para calcular cuántos millones de años hace que murió el dinosaurio. Los restos de dinosaurios son demasiado antiguos para la datación por carbono, ya que los isótopos de carbono se han descompuesto por completo.

Los fósiles datados más antiguos son de microbios de hace **3500 millones** de años.

EXAMINAR ARTEFACTOS

TOMOGRAFÍAS

Un escáner CT (tomografía computarizada) usa rayos X para ver el interior de un objeto, generalmente los órganos del cuerpo. La máquina envía rayos X a través del objeto en diferentes ángulos. Las mediciones de la cantidad de rayos X que atraviesan se combinan para producir una imagen en 3D. Los médicos emplean estas máquinas para examinar a sus pacientes y los arqueólogos pueden ver el interior de artefactos como momias y sarcófagos sin tener que desmontarlos.

CREAR UN MODELO

Las imágenes de rayos X se toman de todo el objeto y luego se procesan en un ordenador para generar imágenes detalladas de sección transversal y modelos 3D de estructuras dentro del objeto. Aquí se ve el modelo generado por ordenador de la cabeza de una momia egipcia.

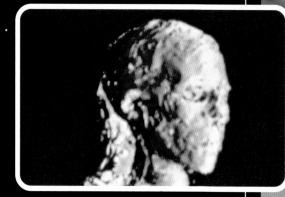

RAYOS X

Los rayos X son una radiación invisible (ver página 142) que puede atravesar la mayoría de los materiales. Al atravesar un objeto, por ejemplo un cuerpo humano, los distintos tejidos absorben diferentes cantidades de radiación. Los materiales densos, como los huesos, absorben más que los blandos, como los músculos. Un detector mide la fuerza de los rayos X que atraviesan el cuerpo en cada dirección, y un ordenador utiliza esos datos para crear una imagen en 3D.

En un escáner TC, la fuente de rayos X capta imágenes desde todos los ángulos.

HAZ DE RAYOS X

El haz de rayos X pasa a través del paciente.

El detector de rayos X, que capta la radiación, gira junto con la fuente.

Descubrir secretos
En la imagen, la momia de 3000 años de antigüedad de Nesperennub, un sacerdote egipcio, es trasladada a un escáner de tomografía computarizada. Un estudio de los escáneres completos reveló un pequeño hueco en el interior de su cráneo, lo que sugiere que pudo morir debido a una grave enfermedad que afectó sus huesos.

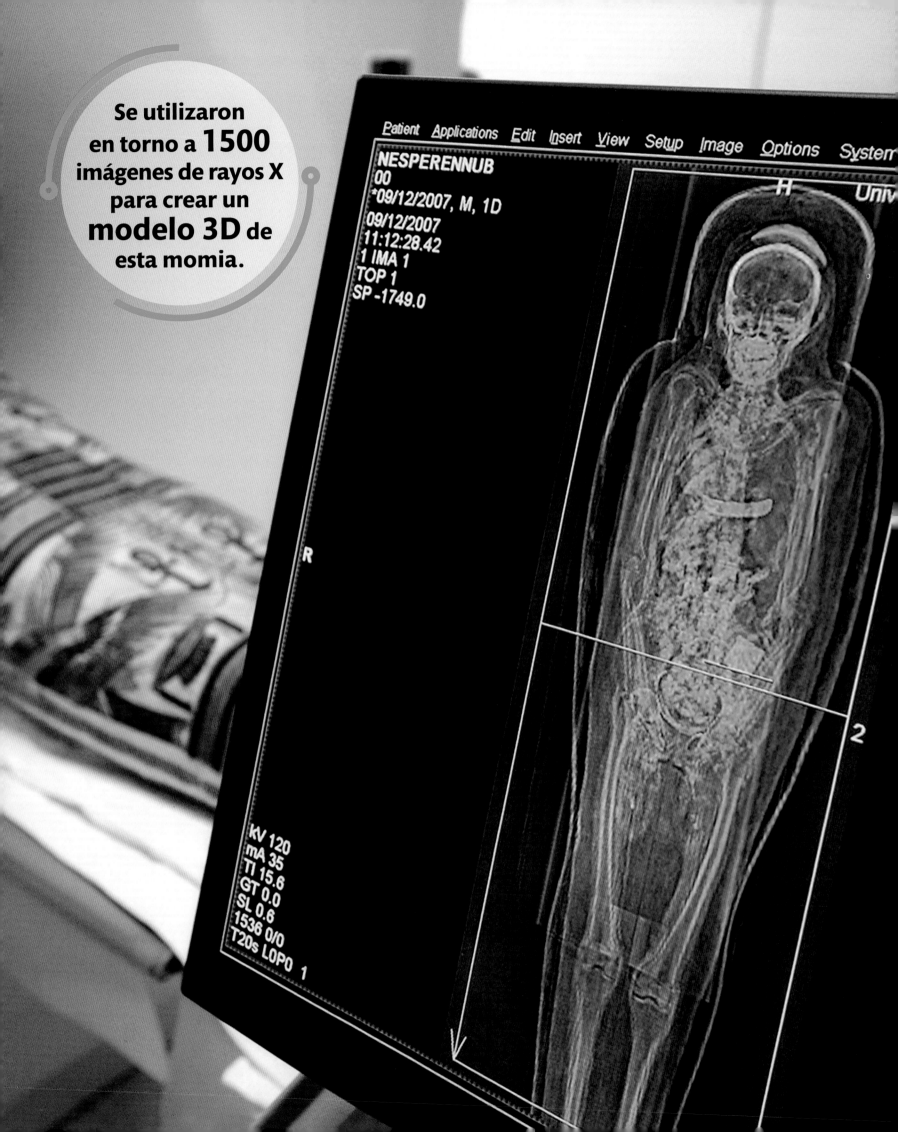

Se utilizaron en torno a **1500** imágenes de rayos X para crear un **modelo 3D** de esta momia.

NUESTROS ANCESTROS

RECONSTRUIR FÓSILES

Estudiar los restos fósiles de los primeros humanos y sus parientes puede permitirnos saber más de nuestros antepasados y de cómo vivían. Con el uso de nuevas técnicas, como el escaneo, la impresión 3D y el análisis de ADN, los científicos pueden recrear el aspecto que tenían con detallados modelos. Estos luego los ayudan a comprender cómo evolucionaron las diferentes especies humanas a lo largo de millones de años.

1 Escanear los huesos
Con un escáner, los científicos pueden tomar medidas de este delicado fósil de un cráneo de neandertal y crear un fósil virtual en una computadora. Luego, la estructura puede imprimirse en 3D, lista para usarse.

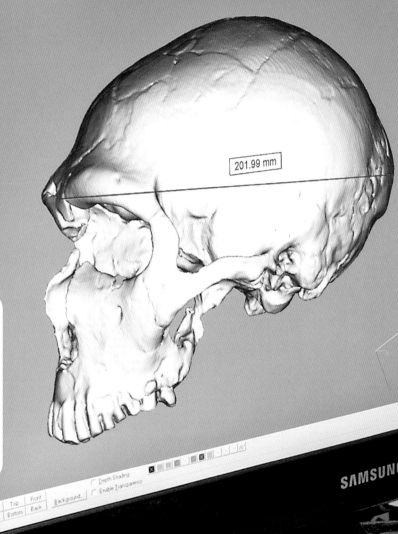

201.99 mm

ARTE Y CIENCIA

Dar vida a los fósiles se llama paleoarte, ya que combina la ciencia de la paleobiología con el arte. Aquí, la paleoartista francesa Elisabeth Daynès trabaja en la reconstrucción de un pariente humano extinto, el *Australopithecus africanus*.

EVOLUCIÓN HUMANA

La evolución es el proceso por el que los seres vivos cambian a lo largo del tiempo. Muchos cambios pequeños hacen que un organismo se convierta en una nueva especie. La primera especie humana evolucionó a partir de simios hace 3,3 millones de años (Ma). Nuestra especie, el *Homo sapiens*, no apareció hasta hace unos 300 000 años, pero es la única que ha sobrevivido hasta hoy. Aquí se muestran algunos de nuestros parientes.

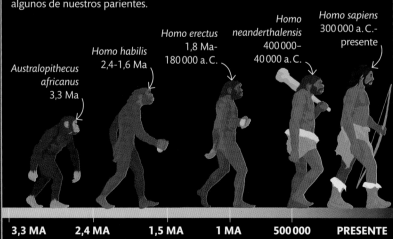

Australopithecus africanus
3,3 Ma

Homo habilis
2,4-1,6 Ma

Homo erectus
1,8 Ma-
180 000 a. C.

Homo neanderthalensis
400 000–
40 000 a. C.

Homo sapiens
300 000 a. C.-
presente

| 3,3 MA | 2,4 MA | 1,5 MA | 1 MA | 500 000 | PRESENTE |

Hasta ahora se han descubierto más de 6000 fósiles de humanos primitivos.

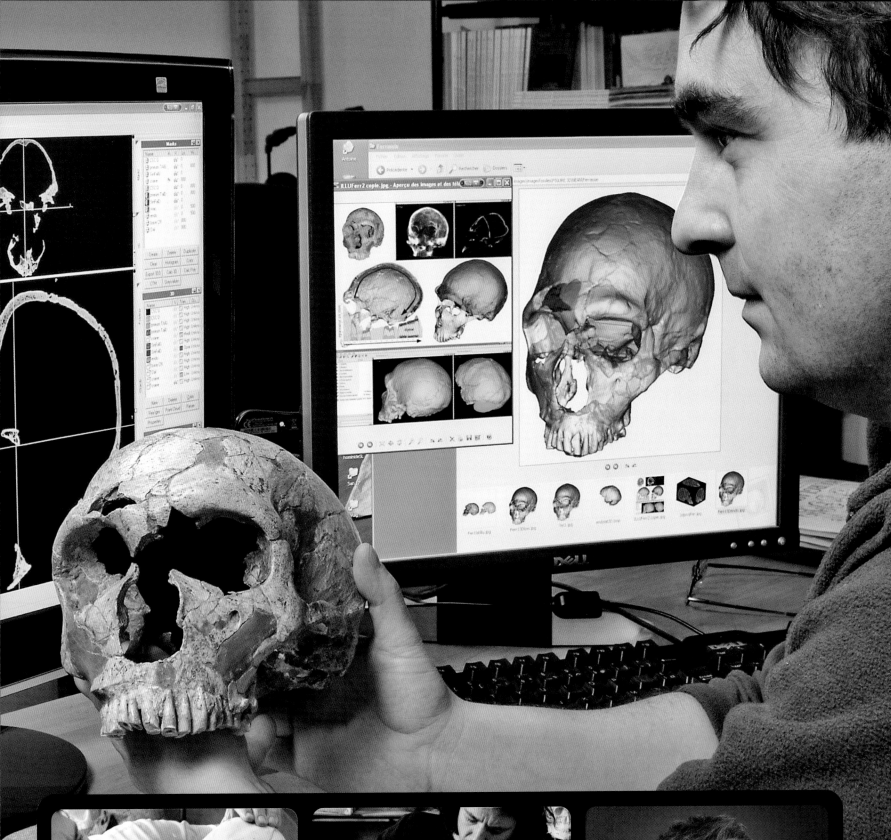

2 Añadir músculos

La estructura del rostro se reconstruye siguiendo las pautas generales que marcan el grosor de los músculos y la piel en distintas partes del cráneo humano, así como otras conjeturas.

3 Hacer un molde

Cuando la cara se completa, con músculos, piel y detalles como rasguños, venas y expresiones faciales, se hace un molde, que se utilizará después para el modelo final de silicona.

4 Toques finales

Finalmente, se le da vida con el cabello y los colores. El color de la piel se puede determinar con el conocimiento del entorno de la especie. Las pruebas de ADN pueden indicar el del cabello.

MEDIR EL CALOR

TERMOGRAFÍA

Todos los objetos emiten calor en forma de radiación infrarroja. Esto es invisible para el ojo humano, pero las cámaras termográficas, con sus sensores especiales, pueden verlo. Detectan las diferencias de temperatura y convierten los datos en imágenes en color. Los objetos fríos aparecen de color azul o violeta, mientras que los más cálidos se muestran rojos o amarillos. Estas cámaras son útiles para controlar a personas y detectar objetos cuando la visibilidad es escasa.

LENTES DE VISIÓN NOCTURNA

A diferencia de las cámaras térmicas, las gafas de visión nocturna no funcionan en la oscuridad absoluta. Intensifican cualquier luz visible tenue y luego la traducen en una imagen final teñida de verde más claro.

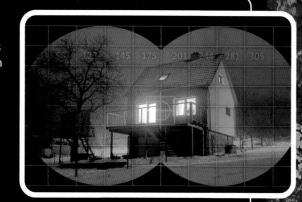

Algunas **serpientes** ven la radiación infrarroja y pueden **cazar** en la **oscuridad.**

MEDIR LAS ONDAS

La luz infrarroja es una forma de radiación electromagnética (ver página 142) que, al igual que la luz visible, viaja en forma de ondas. Todas las ondas son diferentes y podemos medirlas observando su longitud (la distancia entre dos crestas), su amplitud (la altura de la onda) y su frecuencia (el número de ondas por segundo). Las ondas infrarrojas no se pueden ver a simple vista porque tienen una longitud de onda más larga que la luz visible.

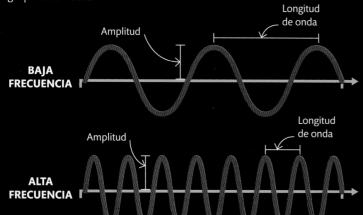

Longitud de onda

Amplitud

BAJA FRECUENCIA

Longitud de onda

Amplitud

ALTA FRECUENCIA

FRÍO   CALIENTE

Extinción de incendios

Los bomberos utilizan cámaras térmicas para ver a través del humo y la oscuridad, lo que les permite localizar rápidamente a las personas atrapadas en situaciones críticas. También se pueden utilizar para identificar dónde comenzó el incendio.

Mantenimiento eléctrico

Los problemas en los sistemas eléctricos a menudo provocan un calentamiento anormal del equipo. Las cámaras térmicas se utilizan para comprobar el sobrecalentamiento e identificar problemas antes de que supongan un peligro.

Escáner de aeropuerto

La termografía se utiliza en centros de transporte con mucho tráfico, como los aeropuertos, por motivos de seguridad y para controlar la salud pública. Puede detectar a los pasajeros que viajan con fiebre, lo que ayuda a prevenir la propagación de enfermedades.

Estudiar la vida silvestre

Las personas tenemos una visión nocturna limitada, pero las cámaras termográficas nos permiten ver incluso en la más completa oscuridad. Al hacer visibles pequeñas diferencias de temperatura, muestran este búho en detalle.

Cara a cara
Un equipo de grabación que realizaba un documental sobre naturaleza capturó imágenes de monos langur en Rajastán, India, interactuando con una cámara robot disfrazada de langur. Una cámara en un ojo le permitía observar a los monos de cerca.

MÁQUINAS MÓVILES
CÁMARAS ROBÓTICAS

Los robots son máquinas programadas para realizar por sí mismas una serie de acciones. A menudo se utilizan para tareas que son repetitivas, peligrosas o imposibles de realizar para los humanos, como capturar imágenes útiles de animales sin molestarlos. Los robots que imitan animales y plantas se conocen como robots biomiméticos. Son una forma perfecta de monitorear la vida silvestre y permiten a los científicos aprender más sobre el comportamiento animal y los hábitos sociales.

ROBOTS PARA TERAPIA
Los robots tienen un papel cada vez más importante en la atención sanitaria y social. En la imagen, Paro, un robot terapéutico parecido a un cachorro de foca pía. Sus sensores detectan el tacto y la voz, se mueve y emite sonidos en respuesta. Se ha demostrado que mejora el estado de ánimo y reduce la angustia en pacientes y personas ingresadas en residencias.

Una manada de más de **120 monos langur** aceptó a este robot como uno más.

ROBÓTICA

Un robot es una máquina móvil que puede detectar cosas de su entorno, como el movimiento o el sonido, y realizar acciones correspondientes. Recibe información a través de sensores, como detectores de luz. La información se procesa en una unidad central de procesamiento (CPU), que es el cerebro del robot. La CPU envía instrucciones a los dispositivos de salida, como los altavoces.

 DATOS ENTRANTES → **CPU** → **DATOS SALIENTES**

1. Un sensor detecta sonido y movimiento y envía esta información a la CPU.

2. La CPU procesa los datos y envía instrucciones al dispositivo de salida para que responda.

3. El dispositivo de salida activa motores y cámaras según las pautas de la CPU.

Mono robot
La cámara espía de este mono robot tiene sensores infrarrojos para detectar movimiento cercano (datos entrantes). En respuesta a estos datos, los motores en su cuello se activan, lo que ayuda al animal a girar la cabeza. Esto le permite grabar la actividad en su entorno.

El pelaje, de materiales sintéticos, se parece al de un langur.

En los ojos del robot hay cámaras espía de ultra alta definición (UHD).

Sensores infrarrojos activan el movimiento si un animal se acerca. Las cámaras espía están en los ojos del robot.

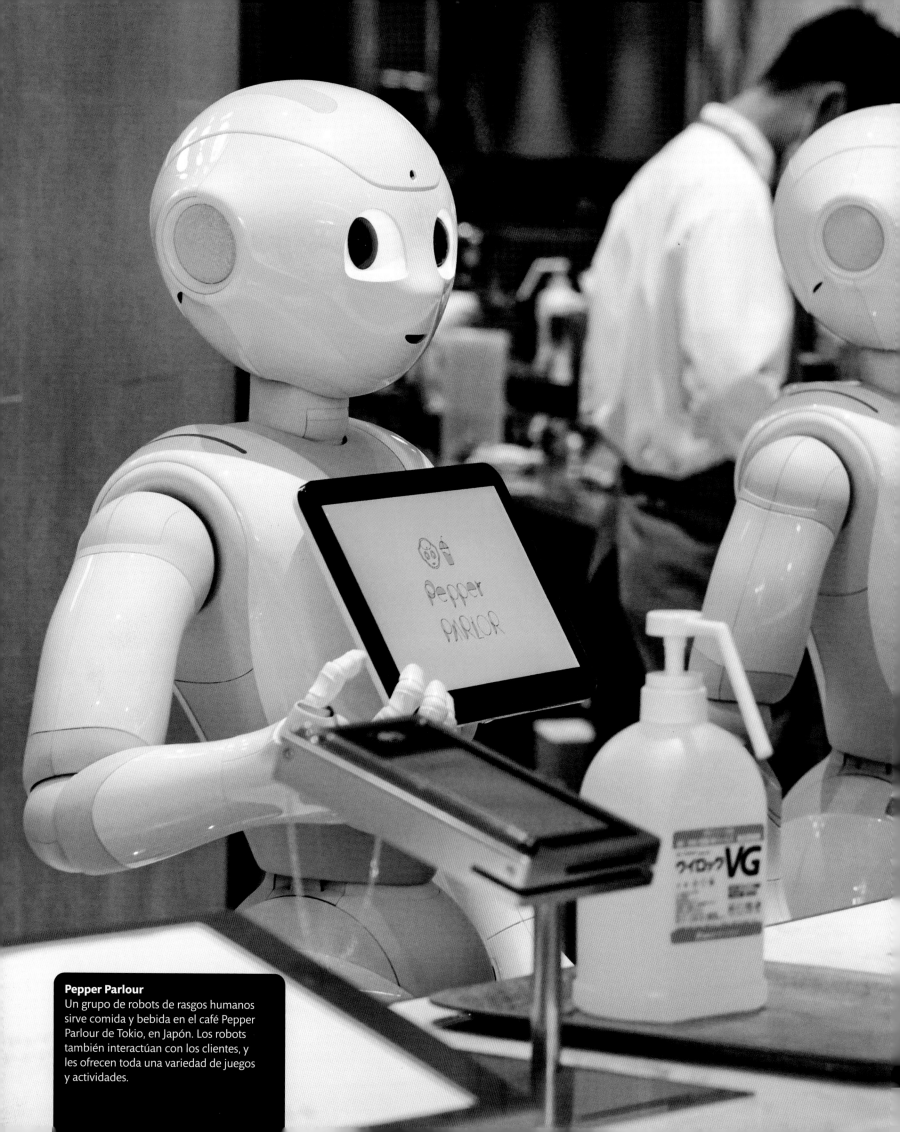

Pepper Parlour
Un grupo de robots de rasgos humanos sirve comida y bebida en el café Pepper Parlour de Tokio, en Japón. Los robots también interactúan con los clientes, y les ofrecen toda una variedad de juegos y actividades.

IDENTIFICAR A CRIMINALES

ANÁLISIS DE ADN

La ciencia forense investiga qué sucedió en la escena de un crimen. Los forenses estudian pruebas de muchos tipos de evidencia, como rastros de sangre, huellas dactilares o huellas de pisadas. También pueden analizar el ADN, que es único para cada persona (excepto en el caso de gemelos idénticos). Se encuentra en casi todas las células de nuestro cuerpo, por lo que es fácil que dejemos un rastro de ADN al perder escamas de piel, pelos o sangre.

PRUEBA GENÉTICA
Las pruebas de ADN no solo son útiles para la policía. Los kits de prueba de ADN caseros utilizan la saliva de una persona para extraer su ADN y permiten a las personas descubrir con quién están relacionados y su ascendencia más lejana.

ADN

El ADN (ácido desoxirribonucleico) es una especie de código de barras biológico, una pauta única para cada persona. Está en el núcleo de las células del cuerpo y tiene una estructura en forma de escalera llamada «doble hélice». Los peldaños de la escalera se componen de cuatro sustancias químicas diferentes llamadas «bases», que se muestran aquí en diferentes colores.

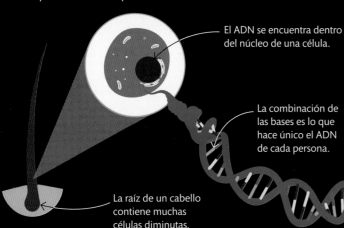

El ADN se encuentra dentro del núcleo de una célula.

La combinación de las bases es lo que hace único el ADN de cada persona.

La raíz de un cabello contiene muchas células diminutas.

CRIME SCE

EVIDEN

1 La escena de un crimen
Los especialistas forenses peinan las escenas del crimen en busca de muestras de ADN en rastros de sangre, saliva y cabello, y recolectando ropa y otros artículos. Todo lo que una persona ha tocado podría tener su ADN.

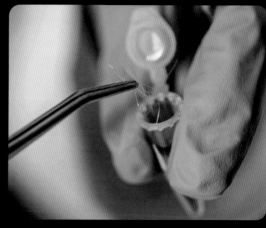

2 Recoger muestras
Todo lo que pueda contener ADN, como el cabello, se recolecta cuidadosamente y se envía a especialistas. También se toman muestras con hisopos de los sospechosos, de los cuales se puede extraer su ADN para compararlos.

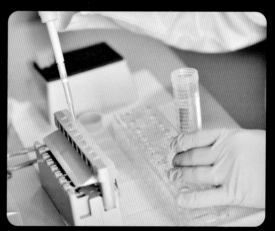

3 En el laboratorio
Una vez las muestras llegan al laboratorio, los científicos extraen el ADN de las células de la raíz de los cabellos y lo multiplican para que haya suficiente para analizar. Ese ADN se examina con máquinas que pueden leer el código genético único que contiene.

4 Analizar el ADN
El ADN de una persona actúa como una huella digital y los científicos pueden identificar este código único. El ADN de la escena de un crimen se puede comparar con el ADN de los sospechosos para buscar coincidencias.

Si pudiera desenrollarse del todo, el ADN de una célula humana, tendría unos **2 m de** largo.

EN EL CEREBRO

RESONANCIAS IRM

El cuerpo humano es una estructura tan compleja que los científicos aún no la comprenden del todo. Es difícil estudiar cómo funciona un cuerpo vivo sin cirugía. Sin embargo, las imágenes por resonancia magnética (IRM) ofrecen una visión única de nuestro interior, pues no solo muestran huesos, sino también tejidos blandos. Las máquinas de resonancia magnética funcionan con potentes imanes y señales de radio. Un ordenador convierte las señales de radio en imágenes y crea una imagen detallada de nuestro interior, incluso del cerebro.

ACTIVIDAD CEREBRAL

En 2015, la neurocientífica Rebecca Saxe tomó esta resonancia magnética de una mujer y su bebé para comparar los cerebros de ambos. Luego agregó a la imagen los resultados de otro escáner que muestra los puntos en el cerebro que se iluminan al reconocer rostros.

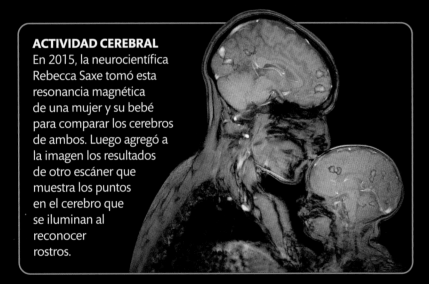

EL CEREBRO HUMANO

El cerebro es una red de miles de millones de células llamadas «neuronas» que se comunican entre sí. Es el centro del sistema nervioso, procesa la información de los sentidos y controla los músculos. La mayor parte, el telencéfalo, se divide en lóbulos, cada uno especializado en funciones específicas.

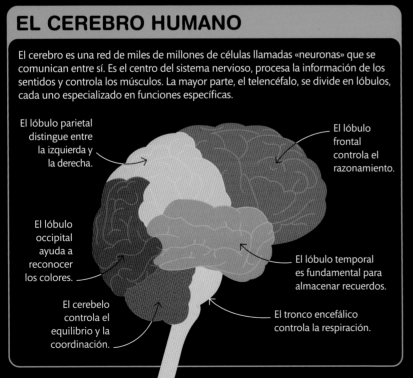

El lóbulo parietal distingue entre la izquierda y la derecha.

El lóbulo frontal controla el razonamiento.

El lóbulo occipital ayuda a reconocer los colores.

El lóbulo temporal es fundamental para almacenar recuerdos.

El cerebelo controla el equilibrio y la coordinación.

El tronco encefálico controla la respiración.

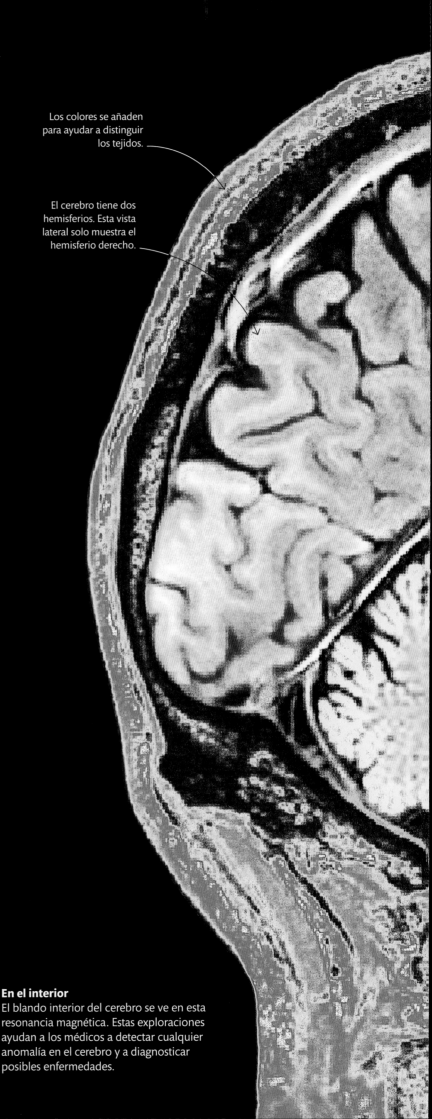

Los colores se añaden para ayudar a distinguir los tejidos.

El cerebro tiene dos hemisferios. Esta vista lateral solo muestra el hemisferio derecho.

En el interior
El blando interior del cerebro se ve en esta resonancia magnética. Estas exploraciones ayudan a los médicos a detectar cualquier anomalía en el cerebro y a diagnosticar posibles enfermedades.

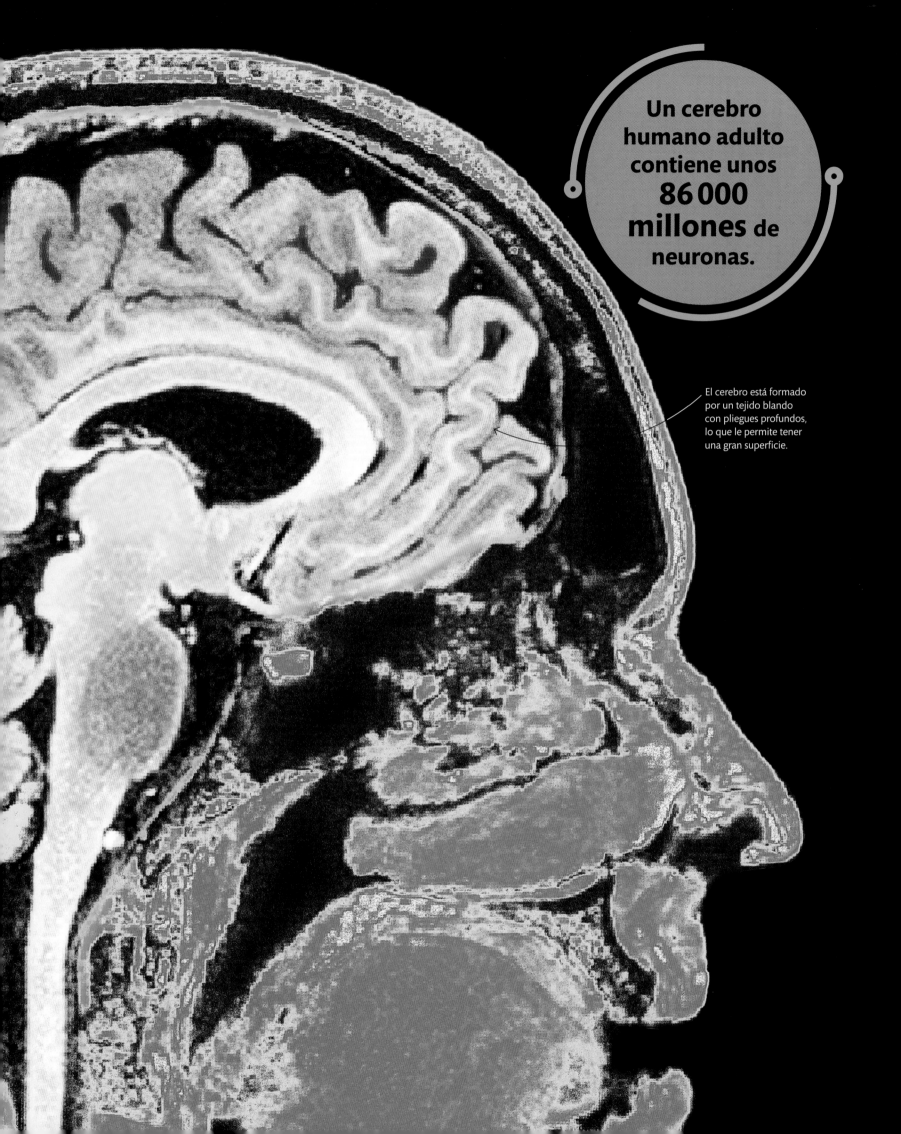

Un cerebro humano adulto contiene unos **86 000 millones** de neuronas.

El cerebro está formado por un tejido blando con pliegues profundos, lo que le permite tener una gran superficie.

CURAR HERIDAS

PIEL ARTIFICIAL

La piel es nuestro mayor órgano y cubre y protege todo el interior de nuestro cuerpo. Es nuestra primera línea de defensa contra lesiones o infecciones. Las heridas pequeñas pueden curarse fácilmente, pero las grandes, como las quemaduras graves, son más difíciles de curar. A veces se puede extraer piel sana de otra parte del cuerpo y colocarla sobre una herida para ayudar a que se repare, pero esto es difícil de hacer cuando la herida es muy seria. Una solución es usar piel artificial, que los científicos pueden cultivar en un laboratorio.

TRATAR CORTES

Para las heridas pequeñas, una alternativa a una tirita es usar un apósito hidrocoloide. Están hechos de sustancias que se hinchan y forman un gel cuando entran en contacto con una herida. Son flexibles y se pueden utilizar para áreas como los codos, donde las tiritas típicas no se adhieren bien.

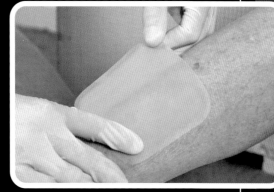

LA PIEL

La piel nos protege de las infecciones y contribuye a regular la temperatura corporal, y sus nervios nos ayudan a sentir nuestro entorno mediante el tacto. Su capa más externa se llama epidermis, y debajo está la dermis, que contiene vasos sanguíneos y nervios. Debajo hay una capa de grasa que actúa como reserva de energía.

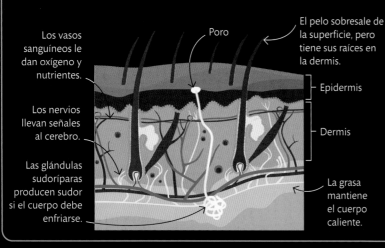

Los vasos sanguíneos le dan oxígeno y nutrientes.

Poro

El pelo sobresale de la superficie, pero tiene sus raíces en la dermis.

Los nervios llevan señales al cerebro.

Epidermis

Dermis

Las glándulas sudoríparas producen sudor si el cuerpo debe enfriarse.

La grasa mantiene el cuerpo caliente.

Tejido cutáneo
El pedazo de piel artificial de la imagen de abajo se ha cultivado a partir de células donadas por un paciente. Las células se colocan en un gel que les proporciona nutrientes y les permite multiplicarse. La tira que se forma está compuesta por una gran cantidad de células y recibe el nombre de tejido cutáneo. Se puede aplicar a las lesiones mediante suturas o pegamento quirúrgico.

La piel artificial es ligera y flexible.

Un gel nutritivo contiene todo lo que las células necesitan para multiplicarse y formar láminas.

Se necesitan **3 semanas** para cultivar **1 m²** de piel artificial en el laboratorio.

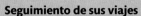

Seguimiento de sus viajes

Las grullas comunes se reproducen en Europa y migran al norte de África en invierno. Hay muchas rutas diferentes, pero entre las más largas están las de Finlandia a Etiopía, en que las aves cubren distancias de más de 6500 km. Los investigadores rastrean su ruta con transmisores de radio que fijan a las aves.

La grulla común puede cubrir alrededor de **322 km** en un solo día.

RUTAS ANIMALES
SEGUIR LAS MIGRACIONES

Cada año, algunas especies hacen largos viajes. Es lo que se conoce como migración. Muchos animales, incluidos pájaros, peces y mamíferos, recorren largas distancias para buscar comida, aparearse, encontrar un lugar seguro para criar o un clima más apacible. Descubrir las rutas que siguen ayuda a la conservación de los animales en peligro de extinción. Los científicos pueden rastrear a los animales con diversos métodos, como el uso de transmisores de radio y de GPS.

SEGUIMIENTO DE LOS SALMONES

El salmón rojo comienza su vida en agua dulce, migra al océano para alimentarse y crecer y regresa al agua dulce para reproducirse. Como todos los peces, tiene en la cabeza un tipo de huesos llamados «otolitos». Su composición cambia según la edad del pez y según dónde ha estado. Al estudiar los otolitos, los científicos pueden rastrear la migración de los peces.

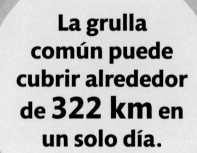

Las etiquetas electrónicas funcionan con baterías de larga duración y algunas incluso funcionan con energía solar.

GPS

Una de las formas de rastrear animales es mediante un GPS (sistema de posicionamiento global). Cuando un pájaro está equipado con un dispositivo GPS, este envía datos sobre su ubicación a los satélites GPS en órbita alrededor de la Tierra. Hay unos 30 en total. Estos satélites señalan la ubicación precisa del ave.

Se usan al menos tres satélites para la ubicación.

Las señales se envían en ondas de radio.

Los datos del GPS se transmiten a los satélites en órbita.

Rutas de migración
El GPS permite a los científicos rastrear las migraciones en todo el mundo. Los charranes árticos tienen la migración más larga de todos los animales. Estas aves recorren cada verano 96 000 km para reproducirse en el Ártico. Después de esto, vuelan a la región polar sur para descansar y alimentarse en la Antártida.

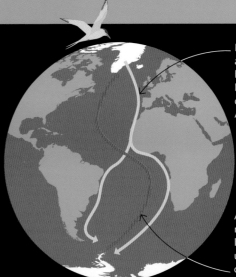

Los charranes árticos vuelan hacia el sur a lo largo de la costa de África y América del Sur.

Al volar de regreso al norte, las aves toman una ruta alejada de las costas.

El ojo del tigre
Esta excepcional imagen de una tigresa
con su cachorro fue captada por una
cámara trampa en el Parque Nacional
Bandhavgarh, en la India. Los tigres son
esquivos y tímidos, pero las cámaras
trampa permiten verlos sin molestarlos.

TRUCOS DE ESTUDIO

CÁMARAS TRAMPA

Es difícil observar los animales salvajes de cerca, así que los científicos a menudo usan cámaras trampa para conseguirlo. Cualquier animal que pase por delante de ellas activa los sensores del dispositivo, por calor o por el movimiento, lo que hace que la cámara tome una foto. Estas cámaras permiten rastrear animales salvajes, conocer su número, determinar su ubicación y estudiar sus comportamientos. Los datos recopilados pueden ser útiles para proteger a los animales en peligro de extinción.

COLOCAR TRAMPAS
Las cámaras trampa, como esta en un parque nacional en la República del Congo, deben colocarse en lugares que los animales probablemente visiten. Los científicos esconden las cámaras para protegerlas de los animales o incluso para que nadie las robe.

CONSERVACIÓN

A pesar de los esfuerzos de quienes intentan protegerlas y conservarlas, muchas especies están en peligro de extinción a causa de la pérdida de hábitats, la contaminación, la caza furtiva y el cambio climático. La Lista Roja de la Unión Internacional para la Conservación de la Naturaleza (UICN) es una herramienta para examinar la probabilidad de que una especie se extinga, lo que ayuda a los científicos a decidir dónde enfocar sus esfuerzos de conservación. La lista tiene siete categorías, desde las especies menos amenazadas hasta las que ya están extintas. Los tigres están más amenazados que algunos de los otros grandes felinos, pero aún cuentan con pequeñas poblaciones salvajes.

El tigre es uno de los animales más amenazados de la Tierra y hay menos de **4000** en libertad.

JAGUAR: AMENAZADO

TIGRE DE SUMATRA: EN PELIGRO CRÍTICO

TILACINO: EXTINTO

GLOSARIO

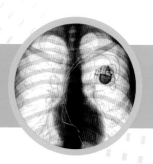

ACELERACIÓN
Aumento o disminución en la velocidad de un objeto por la aplicación de una fuerza.

ÁCIDO
Sustancia química reactiva que tiene un pH menor a 7 (*ver* pH). El vinagre y el jugo de limón son débilmente ácidos.

ADN
Abreviatura de «ácido desoxirribonucleico», una molécula larga, delgada y con forma de doble hélice que se encuentra en las células de todos los organismos vivos. Lleva un código genético, las instrucciones sobre cómo será y funcionará un ser vivo.

AERODINÁMICA
Ciencia que estudia cómo los objetos se mueven en el aire. Las fuerzas aerodinámicas son: empuje, arrastre, sustentación y peso.

AERODINÁMICO
Se dice de algo con forma suave, generalmente curvada, para moverse por el aire con facilidad.

AISLANTE
Un material a través del cual el calor o la electricidad no pueden pasar fácilmente.

ÁLCALI
Producto químico reactivo que tiene un pH superior a 7 (*ver* pH). El jabón y la lejía son alcalinos.

ALGAS
Organismos simples parecidos a plantas que viven en el agua y producen alimento utilizando energía de la luz solar.

ANTICUERPO
Una proteína (*ver* proteína) que se adhiere a microbios como las bacterias impidiendo que sean dañinos o señalándolos para que los destruyan los glóbulos blancos.

Cuando tu cuerpo se encuentra con un nuevo microbio, aprende a producir anticuerpos, lo que lo vuelve inmune a este si de nuevo entrara en tu cuerpo.

ARRASTRE
Fuerza que actúa sobre un objeto que se mueve a través del aire o el agua. El arrastre siempre actúa en la dirección opuesta a la dirección de movimiento del objeto.

ATMÓSFERA
Las capas de gas que rodean la Tierra, sujetas por la gravedad.

ÁTOMO
Diminuta partícula de materia. Un átomo es la parte más pequeña de un elemento que podemos encontrar.

AZÚCAR
Sustancia generalmente de sabor dulce que las células necesitan para vivir y crecer.

BACTERIAS
Organismos microscópicos unicelulares sin núcleo. Son los organismos más abundantes en la Tierra.

BATERÍA
Dispositivo de almacenamiento de energía que produce una corriente eléctrica cuando se conecta a un circuito.

BIOLOGÍA
El estudio de los seres vivos y de cómo las plantas y los animales interactúan con su entorno. Incluye campos de estudio como la botánica, la zoología y la microbiología.

BIOMA
Una región con el mismo clima, vegetación y fauna. El mismo bioma se puede encontrar en diferentes continentes. Algunos de los biomas del mundo son la

tundra, los pastizales templados y los bosques tropicales.

CALENTAMIENTO GLOBAL
Subida de la temperatura media de la atmósfera terrestre provocada por el aumento de los niveles de dióxido de carbono y otros gases de efecto invernadero. El calentamiento global tiene muchos efectos en el clima de la Tierra, como la desaparición del hielo en los polos, el aumento del nivel del mar y la aparición de fenómenos meteorológicos extremos.

CAMPO MAGNÉTICO
Campo invisible de fuerza que se extiende alrededor de un imán.

CARBÓN
Elemento no metálico clave en sustancias químicas importantes del cuerpo, como las proteínas y el ADN.

CÉLULA
Unidad básica de la que están hechos todos los organismos vivos.

CEREBRO
Órgano dentro de la cabeza que controla todo el cuerpo. Esta parte vital del sistema nervioso te permite sentir, moverte, pensar, razonar y comprender las emociones.

CIRCUITO
Camino por el que fluye la electricidad. Todos los dispositivos eléctricos tienen circuitos en su interior.

CITOPLASMA
Líquido gelatinoso dentro de la membrana celular que constituye la mayor parte de la materia dentro de una célula.

COMBUSTIBLE FÓSIL
Combustible derivado de los restos fosilizados de seres vivos. Entre los combustibles fósiles están el

carbón, el petróleo y el gas. Cuando se queman, liberan dióxido de carbono y otros gases nocivos, lo cual contribuye al calentamiento global.

CONDUCTOR
Sustancia a través de la cual fluye fácilmente el calor o la corriente eléctrica.

CORAL
Organismo simple que vive en los fondos marinos en grandes colonias.

CORRIENTE
Flujo de una sustancia. Una corriente eléctrica es un flujo de electrones. Una corriente oceánica es un flujo de agua en el océano impulsado por el viento o por diferencias en la densidad del agua causadas por la temperatura o el contenido de sal.

CRISTAL
Sustancia sólida con una forma muy ordenada. Los diamantes y los granos de sal son cristales.

DATOS
Información, como hechos y estadísticas, recogida para referencias o análisis.

DEFORMACIÓN
Cambio en un objeto causado por fuerzas. Cuando un objeto no puede moverse, las fuerzas pueden cambiar la forma del objeto o hacer que se rompa.

DENSIDAD
La masa de un sólido, líquido o gas por unidad de volumen. Un material denso tiene muchos átomos muy juntos. Los objetos menos densos flotan en fluidos más densos. La madera flota en el agua porque es menos densa que el agua.

DIÓXIDO DE CARBONO
Gas incoloro e inodoro. La cantidad cada vez mayor de este

gas en la atmósfera está provocando el calentamiento global.

ECOSISTEMA
Conjunto de organismos vivos que comparten un hábitat y dependen unos de otros para sobrevivir.

ELECTRICIDAD
Cualquier cosa relacionada con la carga eléctrica. La corriente eléctrica es el movimiento de partículas con carga eléctrica. La electricidad se utiliza para alimentar hogares, automóviles y muchas otras máquinas modernas.

ELECTRÓLISIS
Proceso que divide sustancias en partes más simples utilizando una corriente eléctrica.

ELECTRÓN
Una partícula de carga negativa que se encuentra en la parte exterior de un átomo. Los electrones en movimiento transportan electricidad y causan magnetismo.

ELEMENTO
Sustancia compuesta por un solo tipo de átomo. Hay 118 elementos conocidos, aproximadamente 90 de los cuales se producen de forma natural.

ENERGÍA
Lo que permite que se produzca algo. La energía existe en muchas formas diferentes, como energía eléctrica y energía química. No se puede crear ni destruir, solo transferir.

ENERGÍA RENOVABLE
Tipo de energía que proviene de una fuente que no se agota, a diferencia de la energía de los combustibles fósiles. Son tipos de energía renovable la energía eólica, la de las olas y la solar.

ESPECTRO ELECTROMAGNÉTICO
Gama de diferentes tipos de radiación electromagnética, desde rayos gamma hasta ondas de radio. La luz visible es parte del espectro electromagnético.

ESTÍMULO
Algo que fomenta actividad o una respuesta en personas o cosas.

EVAPORACIÓN
Proceso por el cual los átomos o moléculas de un líquido se convierten en gas.

EVOLUCIÓN
Proceso por el cual las especies cambian gradualmente y se adaptan a un entorno cambiante durante períodos de tiempo muy largos.

FÍSICA
El estudio de las fuerzas, la energía y la materia.

FISIÓN NUCLEAR
Proceso en el que grandes núcleos de átomos se rompen en otros más pequeños liberando grandes cantidades de energía.

FOTOSÍNTESIS
Proceso mediante el cual las plantas utilizan la energía del Sol para producir alimento a partir del agua y el dióxido de carbono. Este proceso produce oxígeno.

FUERZA
Empujón o un tirón que hace que un objeto cambie de velocidad, dirección o forma.

FUERZA ASCENSIONAL
La fuerza hacia arriba ejercida por un líquido o un gas sobre un objeto sumergido en él.

FULCRO
Pivote o punto fijo alrededor del cual gira una palanca.

FUSIÓN NUCLEAR
Proceso en el que pequeños núcleos atómicos, como los de los átomos de hidrógeno, se unen para formar otros más grandes, liberando grandes cantidades de energía.

GAS
Estado de la materia en el que las partículas están separadas y se mueven a gran velocidad. Los gases pueden fluir hasta llenar un recipiente y pueden comprimirse.

GASES DE EFECTO INVERNADERO
Gas en la atmósfera que atrapa el calor del Sol alrededor del planeta. Entre los gases de efecto invernadero están el dióxido de carbono y el metano.

GEN
Sección de ADN que lleva un código para una tarea específica. Los genes ordenan a las células que produzcan proteínas, las cuales afectan a las características del organismo. Los genes se transmiten de una generación a la siguiente.

GENERADOR
Dispositivo que produce energía eléctrica a partir de energía cinética. Las turbinas eólicas y muchas plantas de energía utilizan generadores.

GRASA
Sustancia rica en energía que se encuentra en los seres vivos. En el cuerpo, las grasas se utilizan para almacenar energía, rodear los nervios y como aislamiento.

GRAVEDAD
Fuerza que atrae todas las cosas con masa. En la Tierra, la gravedad tira de los objetos hacia el suelo y les da peso. Los planetas del sistema solar se mantienen en órbita por la gravedad.

HÁBITAT
Hogar natural de un animal o una planta. Puede ser tan pequeño como el envés de una hoja o tan vasto como un bosque entero.

HONGO
Grupo de microorganismos que se alimentan de plantas y animales. Desintegran animales y plantas muertos, alimentándose de los nutrientes.

IMÁN
Objeto que tiene un campo magnético y atrae o repele otros objetos magnéticos. Los objetos son atraídos o repelidos por imanes debido a una fuerza invisible llamada «magnetismo».

INERCIA
La medida del movimiento de un objeto. El ímpetu se calcula multiplicando la masa del objeto por su velocidad.

INFRAESTRUCTURA
Las instalaciones básicas, como edificios, carreteras y puentes, que un país o una sociedad requiere para funcionar.

INTELIGENCIA ARTIFICIAL
Tecnología que permite a un ordenador imitar el aprendizaje y el razonamiento humanos. La mayoría de la inteligencia artificial está diseñada para analizar datos, reconocer patrones y hacer simulaciones.

ISÓTOPOS
Diferentes versiones de un elemento, cada una con el mismo número de protones pero diferente número de neutrones en sus núcleos.

LÁSER
Dispositivo capaz de crear un haz de luz por emisión estimulada de radiación con ondas que están acompasadas y poseen una longitud precisa.

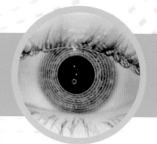

LENTE
Objeto de vidrio o plástico con superficies curvas que hacen que la luz se doble al pasar. A una lente que se curva hacia dentro se la llama «cóncava» y a una lente que se curva hacia fuera se la llama «convexa». Las lentes se utilizan para formar imágenes en cámaras, telescopios y microscopios.

LEVADURA
Diminuto hongo unicelular que se alimenta de azúcares y produce dióxido de carbono y alcohol.

LÍQUIDO
Estado de la materia en el que los átomos o moléculas están muy juntos. Los enlaces entre ellos son más fuertes que en los gases y más débiles que en los sólidos, lo que permite que las partículas se muevan libremente. Los líquidos fluyen, adoptan la forma del recipiente que los contiene y no se pueden comprimir.

MASA
Medida de la cantidad de materia en un objeto.

MATERIA
Aquello de lo que está hecho todo lo que nos rodea. Lo que tiene masa y ocupa espacio es materia. La materia incluye sólidos, líquidos y gases, y tanto seres vivos como no vivos.

MATERIAL
Sustancia con la que se pueden hacer cosas. Cada objeto está hecho de un material: natural o artificial.

METAL
Tipo de elemento con propiedades específicas. Los metales suelen ser fuertes y brillantes y son buenos conductores de la electricidad y el calor. Más de las tres cuartas partes de los elementos son metales.

MICROBIO
Organismo diminuto que solo puede verse con la ayuda de un microscopio. También se los llama microorganismos.

MICROORGANISMO
Ver microbio.

MINERAL
Sustancia natural compuesta por más de un elemento que se puede encontrar en el suelo. Las rocas están hechas de minerales. Todos los minerales son cristales.

MOHO
Tipo de hongo. Aparece en los alimentos podridos como una especie de pelusa. La mayoría de los mohos se alimentan de plantas y animales en descomposición.

MOLÉCULA
Grupo de dos o más átomos unidos por enlaces fuertes.

MOTOR ELÉCTRICO
Dispositivo que se mueve con electricidad y magnetismo.

MÚSCULO
Órganos del cuerpo formados por fibras diminutas. Los músculos tiran de los huesos para hacer que el cuerpo se mueva.

NERVIO
Conjunto de fibras nerviosas y vasos sanguíneos que transmite señales eléctricas hacia y desde el cerebro o la médula espinal.

NEURONA
Célula nerviosa. Cada neurona está conectada a muchas otras neuronas, creando una red para enviar y recibir señales.

NEUTRÓN
Partícula en el núcleo de un átomo que no tiene carga eléctrica. Se encuentra en el núcleo de todos los átomos salvo en el hidrógeno.

NÚCLEO
La parte central de algo. Un núcleo atómico contiene protones y neutrones, mientras que el núcleo de una célula contiene ADN.

NUTRIENTE
Sustancia que absorben los animales y las plantas y que es esencial para la vida y el crecimiento. Los nutrientes son útiles como fuente de energía o como materia prima.

ONDA DE RADIO
Tipo de radiación electromagnética que tiene las ondas más largas. Viaja lejos y muy rápidamente y se puede utilizar para transportar información, como por ejemplo música.

ORGANISMO
Cualquier ser vivo, como una planta, un animal o un hongo.

ÓRGANO
Estructura principal de un organismo con una función específica. Por ejemplo, el estómago, el cerebro y la piel.

OXÍGENO
Gas incoloro e inodoro. Es necesario para que una sustancia arda.

PARTÍCULA
Parte diminuta de materia. Puede tratarse de átomos y moléculas o partículas subatómicas como electrones, protones y neutrones.

PATÓGENO
Microbio, como por ejemplo un virus, que causa una enfermedad.

PESO
Fuerza ejercida sobre la materia por la gravedad. Cuanto más masa tiene un objeto, mayor es su peso.

PH
Medida de la concentración de átomos cargados de hidrógeno que determina lo ácida o alcalina que es una sustancia. Cuanto menor sea el pH, más ácida será la sustancia.

PIGMENTO
Sustancia química que colorea un objeto.

PLASMA
Gas de alta energía hecho de partículas con carga eléctrica. También se llama así a la parte líquida de la sangre.

POLÍMERO
Molécula larga, en forma de cadena, formada por moléculas más pequeñas conectadas entre sí. Los polímeros se pueden encontrar en la naturaleza, como el ADN, o producirse artificialmente, como el plástico.

PRESIÓN
Fuerza ejercida por algo que presiona un área. La misma fuerza puede producir alta o baja presión según la zona sobre la que actúe.

PRESIÓN DEL AGUA
La cantidad de presión ejercida por el agua. La presión aumenta con la profundidad debido al peso del agua. Cuanto más te sumerges en el mar, mayor es la presión.

PRESIÓN DEL AIRE
La fuerza de las moléculas de aire que empujan contra una superficie o un contenedor.

PROTEÍNA
Sustancia química compleja que se encuentra en todos los seres vivos. Las proteínas son los componentes básicos de las células. Están formadas por aminoácidos. Hay alrededor de 20 aminoácidos naturales, y una proteína tiene cientos de estas unidades conectadas en un orden específico. Los organismos necesitan proteínas para crecer y repararse.

PROTÓN
Partícula con carga eléctrica positiva en el núcleo de un átomo.

QUÍMICA
El estudio de la materia y los elementos y de cómo reaccionan estos cuando se mezclan.

RADIACIÓN
Ondas de energía que viajan por el espacio. Tipos de radiación son la luz visible, el calor, los rayos X y las ondas de radio.

RADIACTIVIDAD
La ruptura de los núcleos atómicos, que libera radiación.

RADIACTIVO
Material inestable porque los núcleos de sus átomos se descomponen fácilmente.

REACCIÓN
Una fuerza en respuesta a una fuerza opuesta.
Ver también reacción química.

REACCIÓN QUÍMICA
Proceso en el que los átomos se reorganizan para formar al menos una nueva sustancia.

REFLEXIÓN
La forma en que la luz, el sonido y otros tipos de energía rebotan en una superficie.

SAL
Sustancia química que se forma cuando un ácido reacciona con otra sustancia, como un metal o un álcali. La palabra también se usa para describir el cloruro de sodio.

SATÉLITE
Objeto en el espacio que viaja alrededor de otro en una órbita. Muchos satélites son de fabricación humana.

SENSOR
Dispositivo o componente de una máquina que recoge información de su entorno circundante, como cambios en los niveles de calor o de luz.

SINTÉTICO
Algo creado artificialmente y que no existe de forma natural.

SISTEMA INMUNITARIO
Mecanismo de defensa del cuerpo humano que nos protege de las enfermedades. Cuando toses, estornudas, te resfrías o tienes fiebre, es tu sistema inmunitario que lucha contra una amenaza.

SISTEMA SOLAR
El Sol y todos los cuerpos que orbitan a su alrededor por la gravedad que este ejerce. Incluye planetas, planetas enanos, lunas, asteroides y cometas.

SOFTWARE
Programas o conjunto de datos e instrucciones que se ejecutan en un ordenador y controlan cómo funciona, por ejemplo el sistema operativo y las aplicaciones.

SÓLIDO
Un estado de la materia en el que los átomos de un elemento se unen en una estructura rígida. Los sólidos son firmes al tacto y tienen una forma definida, en lugar de adoptar la forma de sus envases.

SOLUCIÓN
Mezcla en la que las moléculas de un soluto se distribuyen uniformemente entre las moléculas de un solvente. Las soluciones se pueden separar de varias formas.

SOLUTO
Sustancia que se disuelve en un disolvente para formar una solución.

SOLVENTE
Sustancia (generalmente un líquido) en la que un soluto se disuelve convertido en iones y forma una solución.

SUBLIMACIÓN
Proceso por el cual un sólido se convierte directamente en gas sin convertirse primero en líquido.

SUSTANCIA QUÍMICA
Elemento o sustancia compuesta por más de un elemento. Una sustancia química es pura o igual por completo, no es una mezcla. El agua, el hierro y el oxígeno son sustancias químicas.

TEJIDO
Grupo de células similares que realizan la misma función, como el tejido muscular al contraerse.

TENSIÓN SUPERFICIAL
Efecto provocado por la fuerte atracción de las moléculas de agua entre sí, que hace que la superficie del agua se comporte como una membrana elástica.

TURBINA
Dispositivo con aspas giratorias impulsadas por la presión de un gas o un líquido. Convierte la energía en una forma diferente. Las turbinas impulsadas por el viento o el agua en movimiento se utilizan a menudo para generar electricidad.

VACUNA
Sustancia que se administra a las personas para producir inmunidad contra una enfermedad infecciosa.

VACUNACIÓN
La administración de una vacuna para crear inmunidad o protección en el futuro contra enfermedades infecciosas.

VAPOR DE AGUA
Gas que se produce cuando las moléculas de agua líquida se evaporan.

VASO SANGUÍNEO
Cualquier conducto que lleva sangre por tu cuerpo. Hay tres tipos principales de vasos sanguíneos: arterias, venas y capilares.

VOLCÁN
Abertura en la corteza terrestre a través de la cual brota magma (roca líquida), así como la estructura resultante creada por la erupción.

VOLUMEN
La cantidad de espacio que ocupa un objeto.

Símbolos utilizados en este libro	
/	por (km/h, por ejemplo, significa kilómetros por hora)
cm	centímetros
°C	grados centígrados
g	gramos
kg	kilogramos
km	kilómetros
m	metros
Ma	millones de años

ÍNDICE

A

ácaros del polvo 176-177
ácidos **16-17**
acuaponía 12
ADN 8, 21, 122
   análisis 182, 183, **190-191**
aerodinámica 98
agricultura *ver* cultivos
agua
   como conductor 63
   densidad 147
   estados del 25, 27
   tensión superficial 68
   tratamiento de aguas
     residuales **32-33**
airbags 140, 141
aislamiento
   doméstico **54-55**
   materiales 72-73
álcalis **16-17**
algas 30, 47-48, 150
alimentos genéticamente
   modificados **20-21**
aluminio 35, 52, **78-79**
amoníaco 12
animales
   aislamiento 73
   ecolocalización 167
   migración **196-197**
   y cámaras trampa 198-199
   y robots 186-187
   y vertidos de petróleo 147

Antártida, núcleo de hielo
   169
antibióticos **122-123**, 125
anticuerpos **126-127**, 128
aprendizaje de máquinas 14
arrastre 97, 98
arrecifes, restauración de
   150-151
astronautas
   y coches eléctricos 88
   y plantas 21, **22-23**
   y tanques de oxígeno 145
atmósfera 57, 101, 103, 105,
   156, 168-169, **170-171**
átomos 8, 36, 39, 64, 101,
   151, **177**, 178
atrapanieblas **26-27**
audífonos **136-137**
aves 147, 196-197
aves marinas 147
aviones
   alas 98
   aviones meteorológicos
     164-165
   catapultas para 110-111
aviones meteorológicos
   164-165
azúcar 18, 19, 128, 135

B

bacterias 8, 18-19, 32, 76
   y antibióticos **122-123**,
   125

barcos solares 40
bases de datos 116-117
baterías 41, **42-43**, 88-89
bengalas **106-107**
bicicletas, aerodinámica de
   las **98-99**
biocarburantes **48-49**
biomas **148-149**
biometría **116-117**
biorrocas **150-151**
bolas de sombra **30-31**
bombonas de oxígeno
   144-145
Bosco Verticale, torres
   52-53
bosques de algas 152-153
botellas compostables 77
buceo 72-73, 144-145
buckminsterfullereno 64
buggy lunar 88

C

cables 59, 119
   eléctricos 45
   fibra óptica **112-113**
cal y piedra caliza 16-17
calentamiento global 156
calor 73, 155, 156, 184
cámaras 96, 104, 137
   cámaras infrarrojas 54
   robóticas 187
   térmicas 184, 185
   trampa **198-199**

cambio climático 7, 24, 52,
   150-151, 156, 170
carbonato de calcio 151
carbono 64, 155
   ciclo del carbono **178**
catapultas para aviones
   110-111
centrales eléctricas 35, 157
cerebro humano 116, 133,
   134-135, 136-137, **192**,
   194
charranes árticos 197
chequeo de huellas
   dactilares 117
chequeos de identidad
   116-117
chocolate 18
ciclones **164**
ciencia forense 8, 190-191
cinturones de seguridad
   140, 141
cirugía ocular 66
cloruro de sodio 28
coches
   choque, pruebas **140-141**
   eléctricos **88-89**
   vehículos autónomos 66,
     90-91
coches eléctricos **88-89**
cohetes **102-103**
combustible 155
compresión 59
comunicación por radio
   114-115

 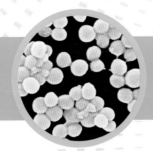  

condensación 27
conductores 55, 63
conservación 199
convección 55
corales 150-151
corazón **130**, 134
  desfibrilador 135
COVID-19 126-127
cultivos
  drones 97
  inteligencia artificial **14-15**
  hidroponía **12-13**
  pH del suelo **16-17**

D

delfines 167
densidad **147**
desfibriladores **135**
diabetes 135
diamantes **64-65**
dióxido de carbono 18, 47-48, 128, 145, 168
  capturar **156-157**
  fotosíntesis 52
  hielo seco 82-83
dirigibles 94
drones **96-97**, 105

E

ecolocalización 167
edificios ecológicos **52-53**, 80-81

efecto invernadero **156**
elaboración de pan 18
elaboración de queso 18-19
elasticidad 139
electricidad
  conductores 63
  corriente eléctrica 34, 40, 45, 89, 92, 115
  energía nuclear **36-39**
  suministro de **34-35**
  turbinas eólicas **44-45**
electroencefalograma 134-135
electrólisis **151**
electromagnetismo 9, **92-93**
electrones 34, 40, 45, 101, **177**
electroquímica 9
elementos 64
energía
  almacenamiento **42-43**
  ondas lumínicas 67
  potencial elástico 139
energía hidroeléctrica 42
energía nuclear **36-37**
energía renovable 40-49
energía solar **40-41**
escáner ocular 116-117
escudos de calor **100-101**
especie humana 82
espectro electromagnético 115, **142**

Estación Espacial Internacional (ISS) 22, **41**, 102, 170
estados de la materia **25**
estupas de hielo **24-25**
evaporación 27, 28, 30
evolución 182
exoesqueletos **132-133**
Exxon Valdez, vertido 146-147

F

fabricación de vidrio **74-75**
fermentación 18, 19
fisión nuclear **36-37**
fluorescencia 143
fósiles 178-179, 182-183
fósiles de dinosaurio 178
fotosíntesis **52**
fuerzas 138-139
  del vuelo 97, 98
  fuerza ascensional 94
  vehículos espaciales 102-103
  y máquinas simples 60-61
fusión nuclear 38-39
futboleno ver buckminsterfullereno

G

gases 25, 101
  atmosféricos 168, 170
  propiedades de los 83

vapor de agua 27
gases atmosféricos 168
gases de efecto invernadero 68
genes 21
genética 8
geología 8
glaciares 24-25, 168
globos aerostáticos **94-95**
globos meteorológicos **170-171**
Golden Gate, puente, Estados Unidos 58-59
GPS (sistema de posicionamiento global) **197**
grafito 64
gravedad 22, 97
grúas **60-61**

H

hábitats 148-149, 152-153
helio 168, 170
hidroponía **12-13**
hielo seco **82-83**
hojas de loto 68-69
hongos 18, 125
huesos humanos 134, 137, 182, 192
huracanes 164

I

imagen por resonancia
magnética (MRI)
192-193
imanes 92, **93**, 192
y electricidad 45
y metales 93
ímpetu 141
implantes cocleares
136-137
impresión **84-85**, 182
impresión en color y mezcla
de colores **84-85**
insulina 135
inteligencia artificial (IA)
14-15
internet 119
intestinos 134
iones 101, 151
irrigación 24
isótopos 178

J

juegos de ordenador
118-119
juegos *online* **118-119**
Juegos Paralímpicos
138-139

L

lámparas UV **142-143**
láseres **66-67**
lava 163
lentes 172, 177

levadura 18, 19
líquidos 25, 27, 147
llaves inglesas 60
lucha contra incendios 97,
154-155, 185
luz 75, 142
y reflexión 70, 112, 116
y telescopios 172-173

M

magma 163
Maiman, Theodore 67
manglares 156
máquinas de niebla 82
marcapasos **130-131**
Marte (planeta) 104-105
máscaras faciales 143
materiales repelentes de
agua **68-69**
materiales sintéticos 73, 187
materiales translúcidos 75
materiales transparentes 75
mecánica 9
médula espinal 133
metales
aluminio **78-79**
magnéticos 93
sales metálicas 106
soldaduras 62-63
meteorología 9
meteoros 101, 170
microbios
en la comida 18-19
y plásticos 76
microorganismos 18-19,
176-177
microscopios **176-177**

microscopios de electrones
177
microscopios electrónicos
de barrido **177**
microscopios ópticos 177
moléculas 25, 83, 147
Montgolfier, Joseph-Michel
y Jacques-Étienne 94
murciélagos 167
músculos 133, 134

N

NASA 98
neopreno 72, 73
neuronas 192-193
neutrones 36, 177, 178
núcleos de hielo **168-169**

O

objetos opacos 75
ojos 66, **116**, 137
ondas
espectro electromagnético
142
luz láser 67
medir las 184
y vibraciones 9
ondas de radio 115, 142,
172, 173
ondas gamma 142
ondas lumínicas 67, 112,
142-143
ondas sónicas 136-137,
166-167
oxígeno 52, 128, 134, 155
ozono 168, 170

P

palancas 60-61
páncreas 135
paneles solares 40-41
parques eólicos 46-47
patógenos 126
penicilina 125
Perseverance, róver
104-105
petróleo 146-147
petróleo, vertidos de 146-
147
pH **16-17**
piel **194**
piel artificial **194-195**
plantas
bosques de algas 152-153
ciclo de la vida **13**, 22
cultivos interiores **12-13**
en el espacio **22-23**
fotosíntesis 52
plaquetas 128
plasma 101
plasma (sangre) 128
plásticos 30, 76-77
biodegradables 76-77
poleas **60-61**
polímeros 30
polipasto 60
polución 52, 76, 146-147,
170
pólvora 106
potasio 28, 106
preparación de comida
rápida 14
presión 110-111, 161

del agua 161
del aire 94, 98
presión de vapor **110-111**
presión del agua 161
prisma óptico 71
prismas 70-71
proceso endotérmico 63
proceso exotérmico 63
proteínas 21
prótesis de correr **138-139**
protones 177
Proyecto Edén, Cornualles, Reino Unido 148-149
pruebas de choque **140-141**
pruebas genéticas 190
puentes de suspensión **58-59**
pulmones 126, 134, 135, **145**

Q

química nuclear 8

R

radiación 55, 180, 184
radiación electromagnética 115, 142, 172, 184
radiación infrarroja 84
radiación ultravioleta **142-143**
rastrear las migraciones de animales 196-197
rayos X 180-181
reciclaje de residuos 78-79
reciclar 76-77
aluminio **78-79**

plásticos 76-77
reconocimiento de voz 117
reconocimiento facial 117
redes eléctricas 34, 35
reflexión **70**, 112
residuos, tratamiento **32-33**
resistencia del aire 97, 98
retardantes del fuego **154-155**
retrorreflexión 70
robots
animales robóticos 186-187
autónomos **14-15**
terapéuticos 186
robots recolectores de fruta **14-15**
ropa de alta visibilidad **70-71**

S

sales **28-29**, 106
salmón 196
sangre **128-129**, 190, 194
sistema circulatorio 128, 130, 134
y los pulmones 145
satélites 119, 197
sedimentación 32, 33
sistema circulatorio 134
ver también sangre
sistema digestivo 134
sistema inmunitario 126-127
sistema nervioso 133, 134, 192
sistema respiratorio 134, 135, 145
sistema solar 105

sistema urinario 34
sistemas del cuerpo humano **134**
Sol 40, 101
soldaduras bajo el agua **62-63**
sólidos 25, 27
soluciones 28
electrólisis 151
solventes 28
sonar **166-167**
sondas de caída 164
sonogramas 166
sublimación 83
submarinos 160, 161
suelo 16-17
sumergibles **160-161**

T

tecnología lídar 66
telescopios
de reflexión **172-173**
de refracción 172
guiados por láser 66
radiotelescopios 173
tensión 59
tensión superficial **68**
termodinámica 9
termografía **184-185**
tifones *ver* ciclones
tigres 198-199
tomografías **180-181**
tormentas tropicales 164-165
torres de enfriamiento 36
trajes de buceo **72-73**
transferencia de calor 55

tratamiento de aguas residuales **32-33**
tren de levitación magnética (maglev) **92-93**
túneles de viento **98-99**
turbinas eólicas **44-45**

U

uranio 36-37

V

vacunas **126-127**
vehículos autónomos 66, 90-91
vehículos espaciales 100-101
fuerzas 102-103
vejiga 134
viento 164, 171
virus 126-127
volcanes **162-163**
voltaje 35

Y

Yamamoto Atsushi 139

AGRADECIMIENTOS

Los editores agradecen a los siguientes su colaboración en la preparación de este libro: a Bharti Bedi, Upamanyu Das, Arpita Dasgupta, Priyanka Kharbanda, Sai Prasanna, Bipasha Roy, Anuroop Sanwalia, Shambhavi Thatte y Vatsal Verma, por la asistencia editorial; a Rakesh Kumar, Tanya Mehrotra, Priyanka Sharma y Saloni Singh, por la cubierta, y a Jo Penning por la corrección y la preparación del índice.

Créditos de las fotografías
Los editores agradecen a los siguientes su permiso para reproducir sus fotografías:

(Clave: a: arriba; b: bajo, debajo c: centro; d: derecha; e: extremo; i: izquierda; s: superior)

1 Getty Images: Pool (c). **2-3 Science Photo Library:** Tony & Daphne Hallas. **4 Getty Images:** Alexis Rosenfeld (ca). **NASA:** NASA / JPL-Caltech (cda). **5 Alamy Stock Photo:** Science Photo Library (cia); Jim West (ca). **6-7 Alamy Stock Photo:** Daryl Mulvihill. **8 Shutterstock.com:** Kimimasa Mayama / Epa-Efe / Shutterstock (bi). **12-13 Getty Images:** The Asahi Shimbun. **12 Getty Images:** Andreas Solaro (cda). **14-15 Octinion. 14 Alamy Stock Photo:** ZUMA Press, Inc (c). **16-17 Alamy Stock Photo:** Conrad Elias. **18-19 Cephas Picture Library:** Mick Rock. **18 Alamy Stock Photo:** agefotostock (si); Jake Lyell (ci); Photology1971 (bi). **19 Alamy Stock Photo:** Farlap (c). **20-21 Getty Images:** Handout. **21 SuperStock:** Biosphoto (c). **22-23 NASA. 22 NASA:** (c). **24-25 Ciril Jazbec. 24 Alamy Stock Photo:** OA (cda). **26-27 Peter Trautwein Aqualonis. 26 Peter Trautwein Aqualonis:** (cdb). **28-29 Shutterstock.com:** Ksenia Ragozina. **28 Alamy Stock Photo:** Phil Rees (c). **30-31 Nat Geo Image Collection:** Greg Ludwig. **30 Alamy Stock Photo:** Cavan Images (c). **32-33 Getty Images / iStock:** Chunyip Wong. **32 Shutterstock.com:** Anongnaj Phewngern (ci). **34-35 Shutterstock.com:** urbans. **36-37 Shutterstock.com:** polu_tsvet. **37 Alamy Stock Photo:** H. Mark Weidman Photography (sc). **38-39 Massachusetts Institute of Technology (MIT):** Bob Mumgaard. **40-41 NASA:** NASA / Roscosmos. **40 Alamy Stock Photo:** dpa picture alliance archive (bc). **41 Alamy Stock Photo:** All Canada Photos (bc). **Science Photo Library:** Trevor Clifford Photography (bi). **42-43 Neoen:** (c). **42 Alamy Stock Photo:** Askar Karimullin (c). **44-45 Getty Images:** Loic Venance. **44 Getty Images:** Fred Tanneau (si). **45 Science Photo Library:** Martin Bond (c). **46-47 Vattenfall Group. 48-49 Getty Images / iStock:** greenleaf123. **48 Alamy Stock Photo:** Aflo Co. Ltd (cib). **49 Dreamstime.com:** Bencharat Chanphong (c). **52-53 Boeri Studio:** Vertical Forest Ph. Dimitar Harizanov, Milan, Italy. **52 Studio Roosegaarde:** (ci). **54-55 Alamy Stock Photo:** Ivan Smuk. **55 Alamy Stock Photo:** Dennis Frates (cd). **56-57 BAS:** British Antarctic Survey / Antony Dubber. **58-59 Getty Images:** Ventdusud. **59 Alamy Stock Photo:** Imaginechina Limited (c). **60-61 Getty Images:** VCG. **60 Shutterstock.com:** guruXOX (c). **61 Getty Images:** VCG (sd). **62-63 Getty Images:** Alexis Rosenfeld. **64-65 Alamy Stock Photo:** David Tadevosian. **64 Alamy Stock Photo:** Science Photo Library (c). **66-67 ESO:** ESO / F. Kamphues. **66 Alamy Stock Photo:** Andrey Armyagov (c); ZUMA Press, Inc. (si). **Getty Images:** Arctic-Images (bi). **68 Reuters:** Navesh Chitrakar. **Science Photo Library:** Eye Of Science (cib). **69 Alamy Stock Photo:** EyeSee Microstock. **Dreamstime.com:** Martin Kawalski (c). **70-71 Alamy Stock Photo:** Lev Karavanov. **71 Shutterstock.com:** Valokuva24 (c). **72-73 Getty Images:** Anadolu Agency. **73 Depositphotos Inc:** Gudkovandrey (c). **74-75 Alamy Stock Photo:** Dino Fracchia. **74 Dreamstime.com:** Rdonar (si). **76-77 Alamy Stock Photo:** CW Images. **76 Getty Images:** Jan-Otto (c). **77 Alamy Stock Photo:** Reuters (sd). **Dreamstime.com:** Singhsomendra (bd). **Getty Images:** Jonas Gratzer (c). **78-79 Getty Images:** Bloomberg. **78 Getty Images:** Star Tribune via Getty Images (c). **79 Alamy Stock Photo:** Frances Roberts (si). **Getty Images:** Monty Rakusen (sd). **SuperStock:** Michael Rosenfeld / Maximilian S (sc). **80-81 Getty Images:** Patrick AVENTURIER. **82-83 Action Plus Sports Images:** Imago / Actionplus. **82 Alamy Stock Photo:** Arterra Picture Library (ci). **Getty Images:** George Rose (si). **Shutterstock.com:** oNabby (bi). **84-85 Dreamstime.com:** Vitalyedush / All. **88-89 Extreme E. 89 NASA:** (cdb). **90-91 Roborace:** Robocar 1.0 (c). **92 Alamy Stock Photo:** riddypix (sd). **94-95 Alamy Stock Photo:** Thom Lang. **94 123RF.com:** foottoo (c). **95 Getty Images:** MarBom (sd). **96-97 Getty Images:** Pool. **97 Getty Images:** Stringer (sd). **Shutterstock.com:** Danny Ecker (bd); Konstantin Tronin (sd). **98-99 Alamy Stock Photo:** dpa picture alliance. **98 Science Photo Library:** Dr Gary Settles (ci). **100-101 Dorling Kindersley: Hum3D.com** (c). **TurboSquid:** 3d_molier International (astronatua). **101 Alamy Stock Photo:** RGB Ventures / SuperStock (c). **102-103 Getty Images:** Roscosmos Press Office. **102 Alamy Stock Photo:** ITAR-TASS News Agency (si). **103 Alamy Stock Photo:** Robert Taylor (c). **104-105 NASA:** NASA / JPL-Caltech. **104 NASA:** NASA / JPL-Caltech (cia). **105 Science Photo Library:** Detlev Van Ravenswaay (bd). **106-107 Shutterstock.com:** Ashley Cooper / Specialiststock / Splashdown. **108-109 Getty Images:** Christopher Kimmel / Aurora Photos. **110-111 Alamy Stock Photo:** AB Forces News Collection. **111 Alamy Stock Photo:** Jack Sullivan (sd). **112 Bryan Christie Design:** (ci). **112-113 Getty Images:** The Asahi Shimbun. **113 Getty Images:** VCG (sd). **Photo by courtesy of Seatools:** (cr, br). **114-115 Alamy Stock Photo:** Prisma by Dukas Presseagentur GmbH. **115 Dreamstime.com:** Photoeuphoria (c). **116-117 Science Photo Library:** James King-Holmes. **117 Alamy Stock Photo:** Andriy Popov (bd). **Getty Images:** Bloomberg (cd). **Science Photo Library:** Mauro Fermariello (sd). **118-119 Getty Images:** Bartosz Siedlik. **119 Alamy Stock Photo:** Aleksey Boldin (c). **122-123 Science Photo Library:** Wim Van Egmond. **122 Getty Images:** BSIP (cib). **124-125 Science Photo Library:** Biophoto Associates. **126 Alamy Stock Photo:** Trevor Smith (ci). **126-127 Alamy Stock Photo:** Science Photo Library. **128-129 Getty Images:** SDI Productions. **128 Alamy Stock Photo:** Science Photo Library (c). **129 Alamy Stock Photo:** Jiri Hubatka (sc). **130-131 Science Photo Library:** Medical Media Images. **130 Getty Images:** Peter Dazeley (c). **132 CYBERDYNE: Prof. Sankai University of Tsukuba/CYBERDYNE Inc..** 132 **Shutterstock.com:** (bi). **134-135 Science Photo Library:** Burger / Phanie. **135 Alamy Stock Photo:** BSIP SA (bd); Wavebreak Media Ltd (sd). **Science Photo Library:** GARO / PHANIE (sd). **137 Getty Images:** Jim Watson (c). **138-139 Getty Images:** Kyodo News. **138 Getty Images:** The Washington Post (cdb). **140-141 Getty Images:** Bertrand Guay. **140 Getty Images:** (cda). **142-143 Getty Images:** Boston Globe. **143 Alamy Stock Photo:** Nature Picture Library (sd). **Getty Images / iStock:** Vladimir Vladimirov (cd). **Science Photo Library:** (cdb). **144-145 Getty Images:** The AGE. **145 NASA:** (cd). **146-147 NOAA:** Collection of Doug Helton, NOAA / NOS / ORR. **147 Getty Images:** Martin Harvey (cd). **148-149 Getty Images:** Nigel Hicks / Eden Project. **148 Biosphere 2:** The University of Arizona (c). **149 Getty Images:** Franz-Marc Frei / Eden Project (cdb). **150-151 Alamy Stock Photo:** Matthew Oldfield Underwater Photography. **150 Dreamstime.com:** Jan Lorenz (si). **152-153 Alamy Stock Photo:** David Fleetham. **154-155 Science Photo Library:** Tony & Daphne Hallas. **154 Getty Images / iStock:** Georgeclerk (cib). **156-157 Getty Images:** NurPhoto. **156 Alamy Stock Photo:** Reuters (sd). **157 Alamy Stock Photo:** Blickwinkel (c). **160-161 Nick Verola. 161 Getty Images:** Lev Fedoseyev (cib). **162-163 Caters News Agency:** Geoff Mackley. **163 Alamy Stock Photo:** UPI (c). **164 Alamy Stock Photo:** XM Collection (c). **166-167 NOAA:** ThayerMahan, Inc. Kraken Robotics, and the NOAA Office of Ocean Exploration and Research. **166 Alamy Stock Photo:** Thomas Imo (cdb). **168-169 Nat Geo Image Collection:** Carsten Peter. **169 Alamy Stock Photo:** Jim West (cd). **Science Photo Library:** British Antarctic Survey (sd, cdb). **170-171 Yuya Makino, IceCube/National Science Foundation.. 171 Alamy Stock Photo:** Image Source (cda). **172-173 Gran Telescopio Canarias:** Pablo Bonet / Instituto de Astrofísica de Canarias. **173 Alamy Stock Photo:** Imaginechina Limited (bc). **174-175 NASA:** NASA, ESA / Hubble and the Hubble Heritage Team. **176-177 Science Photo Library:** Ikelos Gmbh / Dr. Christopher B. Jackson. **176 123RF.com:** Sergeychayko (si). **Science Photo Library:** Clouds Hill Imaging Ltd (bi); IKELOS GMBH / Dr. Christopher B. Jackson (ci). **177 Getty Images:** Valery Sharifulin (c). **178-179 Getty Images:** Patrick Aventurier. **180-181 Alamy Stock Photo:** PA Images. **180 Science Photo Library:** Alexander Tsiaras (ci). **182-183 Science Photo Library:** Pascal Goetgheluck. **182 Science Photo Library:** Philippe Plailly (ci). **183 Kennis & Kennis / Alfons and Adrie Kennis:** (bd, bc, bi). **184-185 Alamy Stock Photo:** Maximilian Buzun. **184 Dreamstime.com:** Petr Taborsky (c). **185 Alamy Stock Photo:** Ivan Smuk (sc). **Getty Images:** Contributor (cdb); Justin Sullivan (cda). **Getty Images / iStock:** undefined undefined (c). **186-187 John Downer Productions. 186 Getty Images:** Yamaguchi Haruyoshi (cdb). **187 John Downer Productions:** (bd). **188-189 Shutterstock.com:** Kimimasa Mayama / Epa-Efe / Shutterstock. **190-191 Getty Images:** Monty Rakusen. **190 Alamy Stock Photo:** Martin Shields (c). **191 Alamy Stock Photo:** Roibu (cd); Science Photo Library (sd, bd). **192-193 Science Photo Library:** Du Cane Medical Imaging Ltd. **192 Massachusetts Institute of Technology (MIT):** Rebecca Saxe, Ben Deen, Atsushi Takahashi / Department of Brain and Cognitive Sciences, M (c). **194-195 Science Photo Library:** Klaus Guldbrandsen. **194 Science Photo Library:** Chris Priest (c). **196-197 Alamy Stock Photo:** Mike Lane. **196 naturepl.com:** Ingo Arndt (cdb). **198-199 Nat Geo Image Collection:** Steve Winter. **199 Getty Images:** The Washington Post (c). **200 Science Photo Library:** Medical Media Images (sd). **Shutterstock.com:** polu_tsvet (sd). **201 Alamy Stock Photo:** Dino Fracchia (sd). **Getty Images / iStock:** Georgeclerk (sc); greenleaf123 (eti). **NASA:** (si). **202 Alamy Stock Photo:** Ivan Smuk (si). **Getty Images:** VCG (sd). **Science Photo Library:** James King-Holmes (sc). **Shutterstock.com:** Konstantin Tronin (sd). **203 Alamy Stock Photo:** dpa picture alliance archive (si). **ESO:** ESO / F. Kamphues (si). **Getty Images:** Bloomberg (eti); MarBom (sc). **204 Alamy Stock Photo:** Maximilian Buzun (sd); David Tadevosian (sc). **205 Getty Images:** BSIP (si). **Getty Images / iStock:** Vladimir Vladimirov (sd). **Science Photo Library:** Burger / Phanie (eti); Philippe Plailly (sc).

Resto de las imágenes: © Dorling Kindersley

Para más información, visitar:
www.dkimages.com